T0283310

Gastronomía íbera

JOSÉ DAMIÁN PARTIDO RUIZ
LIDIA CABELLO LIGERO

Gastronomía íbera

ALMUZARA

Editorial Almuzara • Colección Gastronomía
Director editorial: Antonio Cuesta
Editora: Rosa García Perea
Maquetación: Miguel Andréu

www.editorialalmuzara.com
pedidos@almuzaralibros.com - info@almuzaralibros.com

Editorial Almuzara
Parque Logístico de Córdoba. Ctra. Palma del Río, km 4
C/8, Nave L2, nº 3. 14005 - Córdoba

Imprime: Imprenta Mundo
ISBN: 978-84-11317-82-5
Depósito legal: CO-1384-2023
Hecho e impreso en España - *Made and printed in Spain*

Índice

PRÓLOGO

Gastronomía ibera. A pocos kilómetros del Celler de Can Roca se encuentra la montaña de Sant Julia de Ramis, en ella se aloja una antigua fortaleza militar recientemente restaurada de la que acabamos de adquirir la concesión para desarrollar actividades de restauración y hospedaje, que además se convertirá en un centro de interpretación de la gastronomía con un espacio cultural y museístico. A pocos metros de la fortaleza se encuentra el yacimiento ibérico *Castellum Fractum*, una antigua fortaleza romana edificada sobre un antiguo poblado ibérico llamado *Kerunta*, origen del nombre *Gerunda*, con el que los romanos bautizaron la actual Girona, muy cerca de allí en un espacio cruzado por cuatro ríos. En esa zona trabajó el gran arqueólogo Eudald Carbonell, hijo de Ribes de Freser, provincia de Girona, del que hemos aprendido mucho acerca de la evolución de la humanidad a través de su alimentación, gracias a sus libros, artículos y conferencias. Siempre me ha fascinado la historia. Saber de dónde venimos, que comían nuestros antepasados, como lo cocinaban…, así para entender mejor como hemos evolucionado desde el punto de vista alimentario. No solamente por curiosidad sino también porque en muchas ocasiones estas miradas hacia atrás constituyen fuentes de inspiración para nuevos platos o nuevas técnicas inspiradas en las que usaban nuestros antepasados. Me hace especial ilusión ver como un extraordinario cocinero como Damián Partido dedica su talento culinario a explorar en el pasado y compartir su experiencia a través de este interesante libro. Sobre todo, porque Damián lleva la camiseta del Celler de Can Roca pegada a su piel. Cocinó en el primer Celler, hace ya casi veinte años, cuando todavía compartíamos cocina con la del restaurante de mis padres en la que mi madre observaba con asombro, y seguramente con una cierta preocupación, lo que estábamos haciendo. Experimentábamos, cambiábamos las técnicas de cocción, las repensábamos, arriesgábamos con los sabores, con las combinaciones, leíamos y aprendíamos. La curiosidad y el inconformismo nos hacían avanzar por nuevos caminos. Tiempos duros, pero ilusionantes. Estoy convencido de que todos los que pasaron por allí, especialmente en esa etapa, llevan consigo una vivencia especial que de alguna forma marcó su carrera profesional. Probablemente el inconformismo, la curiosidad y las ganas de compartir su conocimiento es lo que ha motivado a Damián a explorar en el pasado culinario ibero. Con una aliada de excepción, la brillante investigadora de la Universidad de Málaga, doctora en prehistoria y arqueología Lidia Cabello, que otorga rigor histórico a la vez que nos muestra su conocimiento con precisa claridad sobre esa etapa de nuestra historia, poniendo en contexto el contenido culinario de este estudio.

El destino ha querido que volvamos a reencontrarnos al concederme el honor de escribir este texto. Agradezco mucho disfrutar de este conocimiento sobre la cocina ibérica que conecta las raíces de Damián en Málaga y las mías. Un texto que nos descubre como cocinaban y que comían nuestros antepasados antes de que Roma conectara con la *Via Augusta* las antiguas Kerunta y Malaka.

Juan Roca i Fontané
El Celler de Can Roca

PRÓLOGO

El siglo XXI ha aportado a la investigación arqueológica un encuentro entre dos disciplinas que en Europa deambulaban, como las vías de un tren, por caminos paralelos, sin diálogo. Fruto de este encuentro han sido los trabajos sobre comensalidad que comenzó para el caso de la cultura ibera con el tema del vino en los años noventa y que sobre todo, a partir de los primeros años del actual siglo, han incidido especialmente en los banquetes aristocráticos como instrumentos de poder, valorando el instrumental, la vajilla, los espacios donde se realizaban y sustancialmente, siguiendo los trabajos de Dietler, sus componentes sociales de jerarquía, cuando no de falsa heterarquía y su papel en la legitimación del sistema político, como muestra el trabajo de Amorós en 2019 para el área alicantina de la Contestania. No obstante, Sarda en 2010, en una lectura de carácter más metodológico, propone trabajos de base más antropológica para recuperar las formas de comensalidad doméstica o colectiva, la comida funeraria, etc. Paralelamente a esta línea de trabajo, también en el recién inaugurado siglo se han desarrollado proyectos fundamentados en las metodologías paleobotánicas, fundamentalmente la carpología, como el libro de R. Buxó de 1997 sobre la *Arqueología de las plantas...*, que después ha continuado con un trabajo del mismo autor y de R. Pique en 2008, *Arqueobotánica: los usos de las plantas en la península ibérica*. El doble trabajo sigue el proceso de producción de las plantas en la agricultura antigua a lo largo de la historia, permitiendo una lectura para conocer qué tipos de plantas desarrollaron los iberos, es verdad que sin entrar en el detalle de su preparación como alimento. En esta línea se ha podido llegar a la catalogación de los productos que constituyeron el elenco de alimentos de los iberos en un magnífico trabajo dirigido por C. Mata con otros investigadores y que en 2010 dio lugar al libro *La flora ibérica, de lo real a lo imaginario*, donde no solamente se recogen los datos paleobotánicos, sino que se añaden los iconográficos en pinturas, esculturas o incluso monedas. Si la primera línea facilitó el encuentro de las dos disciplinas, necesario para tratar el tema y el interés de los análisis de comensalidad, la segunda ha permitido construir la base para afrontar cuestiones más experimentales al dar lugar a catálogos de materias primas que posibilitan propuestas de prácticas de comensalidad.

Fruto de estas dos corrientes son dos trabajos fundamentales. El primero, con un carácter más generalista, se publicó en 2011 por J. Santacana y J. Durán con el título *Lo sagrado y lo abominable. La cocina de los pueblos prerromanos de España*. Sostenido en un modelo de autoría conformado por un equipo arqueólogo-restaurador de cocina que afronta tras un estudio previo de las materias primas, la reconstrucción de algunos platos antiguos, un recetario nacido a veces a través de recursos antropológicos del norte de África y, en otros casos, de las fuentes escritas antiguas. El otro supuesto, que constituye la base de este prólogo, es el libro de Damián Partido y Lidia Cabello de 2018 *Gastronomía ibera; ¿el fin de una cocina o el origen de nuestros fogones?*, también basado en el mismo modelo de autoría: el restaurador, jefe de cocina del Parador de Antequera, y la arqueóloga, doctora de la Universidad de Málaga, cuya segunda edición se desarrolla, ampliada, en las páginas que continúan este texto. El libro sigue una secuencia en dos partes diferenciadas, tras una introducción a la cultura ibérica con los lugares de residencia donde se desarrollaron sus espacios de comensalidad y la importancia de la agricultura en su comida, de base fundamentalmente cerealista, tanto para el alimento como para la bebida —trigo desnudo y cebada vestida—, como se muestra en todo el Mediterráneo. Agricultura capaz de sostener una población más amplia por el acceso de los productores por primera vez al instrumental de hierro, y novedosa también por el potente desarrollo de la arboricultura; vid, olivo, almendro y otros árboles frutales. La primera parte desarrolla, a continuación, el elenco de materias primas propias de la cocina ibera, incluyendo carnes, mariscos y pescados, su preparación, almacenamiento y conservación. La segunda parte la configura el recetario, muy ampliado respecto a la primera edición, destacando en él una de las cuestiones más interesantes del libro: una experimentalidad desarrollada a partir de un concepto de tiempo largo, desde donde se produce el encuentro con el pasado, que no solamente pretende recuperar la tradición de cómo era la cocina ibera, en un plano característico de la investigación arqueológica, sino que propone una hipotética evolución de esta, elaborando recetas nuevas, siempre desde los mismos productos iberos. Se crea con ello un hilo de identidad cultural con la cocina ancestral a través de su exclusivo patrimonio inmaterial y desmemoriando las etapas posteriores de la historia de la alimentación, hasta fraguar un recetario, sin duda contemporáneo, que sin embargo se envuelve en la vestimenta nacida de la investigación del patrimonio ibero. Un libro atractivo y original.

Arturo Ruiz Rodríguez
Instituto Universitario de Investigación
en Arqueología Ibérica.
Universidad de Jaén.

LA COCINA DE LOS IBEROS

Muchas son las tradiciones y costumbres a la hora de preparar los alimentos, muchos los sabores y condimentos que degustamos en nuestros platos, pero todos guardan un rasgo en común, una cualidad que nos definió como humanos y nos permitió cocinar por primera vez los alimentos: nos referimos al uso del fuego. Los primeros fogones, aquellos en los que hace millones de años los primeros homínidos comenzaron a asar la carne, constituyeron un cambio no solo en la forma de alimentarnos, sino que además nos convirtió en lo que hoy somos.

Nuestro país constituye un mundo de contrastes, con una gran diversidad gastronómica, en gran parte heredada de nuestros antepasados y que hoy en día, por los grandes beneficios que aporta a la salud, se conoce en todo el mundo.

Esta visión no es nueva pues desde la antigüedad la península ibérica se consideró tierra de excelentes productos, algunos de ellos de una excepcional calidad, reconocidos incluso fuera de nuestras fronteras, tal era el caso del vino, el aceite o el *garum*, entre otros. Reflejo de este pasado glorioso son los numerosos testimonios escritos que nos han llegado hasta nuestros días, pero ¿qué ocurre si estas referencias históricas son escasas o casi nulas? En ese momento es cuando nos ayudamos de otras ciencias, como la Arqueología, en un intento de comprender la cultura gastronómica y social de un pueblo, tan desconocido por muchos, como es el ibero.

Los hallazgos arqueológicos han permitido recopilar datos analíticos sobre los restos de alimentos que aparecen en los yacimientos, incluyendo los restos en el interior de los recipientes, en los molinos o incluso en los hornos. También podemos recabar la información de los utensilios, los tipos de menaje, las herramientas, los cultivos o los métodos de cocción entre otros procesos. El mayor problema que nos encontramos es la escasa información del consumo de algunos alimentos como los vegetales. Esto se debe a que algunos de ellos, tales como las leguminosas, las frutas o las hortalizas, consumidas crudas, no dejan restos macroscópicos en el registro y por ello es difícil rastrear su consumo. Otro de los elementos que nos sirve de información son las representaciones del arte ibérico tomando como referencia los exvotos, la pintura en la vajilla, como en los *Khalatos* o las tinajas, que junto a otros recipientes decorados aparecen representadas escenas de caza, pesca o recolección de frutas y cosechas (*figura 1*).

Figura 1: menaje ibero de experimentación

Aunque las reseñas son pocas y los documentos escasos, autores como Plinio el Viejo (23 d. C-70 d. C), Estrabón (64 a. C.-21 d. C.), Ptolomeo (s. I - ¿?) y Pomponio Mela (s. I - ¿?) hacen alusiones a las costumbres de los iberos y de lo que comían y como lo comían. Sin embargo, estos textos son relativos ya que son autores que beben de fuentes tardías y por lo general tratan en algunas ocasiones de manera un poco despectiva las costumbres de los iberos, además de resaltar o exagerar algunas cuestiones casi siempre en beneficio propio, desprestigiando algunos productos como justificación a la invasión romana. Este vacío de información fue los que nos motivó a iniciar este proyecto culinario teniendo como base el estudio de los restos arqueológicos de semillas, pólenes o huesos, de los productos autóctonos que existían, en los métodos de conservación y cocinado empleados por ellos. En definitiva, todo en la esencia misma de la supervivencia, del respeto al medio y de la comunión con el entorno.

La península ibérica supuso en el pasado un mosaico de culturas con poblaciones autóctonas, los iberos y pueblos colonizadores como los fenicios, los griegos, los cartagineses, los romanos o los árabes, cuyo legado permanece en muchas de nuestras costumbres, incluida nuestra gastronomía. De ahí las ganas de elaborar este libro, de cocinar estos platos, de aportar un ejemplo práctico para la comprensión del estilo de vida de estos pueblos. Consideramos la cocina y la forma de comer una manifestación cultural como pocas, un símbolo identificativo que forma parte de la idiosincrasia de cada pueblo. Un ejemplo vivo y evolutivo del carácter de cada cultura.

Dentro del mundo de la cocina, cuando nos referimos a la cocina histórica, las líneas son claras, ceñirnos a la verdad, respetar las bases y poner todo de nuestra parte para entender cómo vivían y, en reflejo, como comían. De modo que cuando hablamos de cocina histórica pensamos en comidas de romanos, en el lujo de al- Ándalus o en banquetes medievales, pero es cierto que siempre hemos pensado que había algo más, algo más antiguo, algo más profundo y anclado en las raíces de la historia: La cocina de los pueblos prerromanos (*figura 2).*

Las bases de los platos no distan mucho de las actuales: aceite, cereales, vino, cerveza, carnes y pescados, aunque encuadran a la perfección los conceptos de la dieta mediterránea, no así los conceptos y las formas, quizás más próximas en la actualidad a la cocina de supervivencia que se elabora en zonas de Asia y África, todo ello ligado a que la cocina como tal existe para alargar la conservación de los alimentos en época de bonanza y poder utilizarse en época de escasez.

Figura 2: Utensilios de cocina

Una de las principales dificultades que nos encontramos en la elaboración de los platos es la de buscar determinados alimentos que debido a la globalización han caído en desuso. Por ello, queremos aportar nuestro grano de arena para volver al empleo de los alimentos que durante milenios se han dado en Iberia, aumentando la biodiversidad y apostando por una conservación del entorno como fuente de riqueza. Estos alimentos que proponemos pretenden ser también, un toque de atención sobre la identidad y cultura alimentaria de nuestro país, ya que la pérdida de estos hace que desenraicemos nuestra identidad, nuestro saber y nos hace perder adaptabilidad y capacidad de supervivencia. Alimentos como la bellota, el yero, la almorta, el mijo o la cebada relegados en la actualidad al consumo animal sirvieron durante miles de años como alimento a las personas ayudando a construir un entorno más rico y sostenible.

Los ensayos de las recetas elaboradas que os mostramos aquí tienen como base el respeto a los conceptos y a los restos arqueológicos encontrados, conjugando la memoria gustativa con las costumbres más arraigadas que podrían encajar con los platos iberos, con los actuales o con los de otros pueblos que comparten climatología o situación geográfica similar, así como las técnicas de cocción y conservación de esas épocas y la temporalidad de los productos que se consumen para intentar reproducir la cocina de los iberos con la mayor certeza posible.

Estómago hambriento no tiene oído
Jean de la Fontaine

PERO ¿QUIÉNES ERAN LOS IBEROS Y CÓMO ERA SU SOCIEDAD?

La mayor parte de los pueblos prerromanos de la península ibérica mantenían unas costumbres culinarias propias, heredadas desde el Neolítico, donde los cereales y las legumbres ya constituían la base de la alimentación.

El mundo ibérico es un gran desconocido si lo comparamos con otras culturas que colonizaron la península, como la fenicia, la griega o la romana, pero no por ello menos importante. Debemos entenderla, la ibérica, como una cultura que se caracterizaba por tener una entidad propia no solo cultural, sino también económica basada fundamentalmente en la agricultura, la ganadería y, posteriormente, la minería. En este sentido, no podemos olvidar el papel que jugaron los contactos e interacciones con otros pueblos tanto indígenas como foráneos que contribuyeron a la formación y avance de esta cultura.

A nivel general, podemos entender por «ibero» a aquel habitante de Iberia (Domínguez Monedero, 1983). Al igual que existía una cierta confusión sobre cuál era el territorio de los iberos, fueron muchas las teorías que surgieron sobre su origen, remontándose las primeras al XVIII y que perduraran hasta el siglo XIX y XX. Estas incipientes teorías consideraban que las poblaciones iberas tenían un origen externo a la península. Un ejemplo de ello es la hipótesis de una posible procedencia africana como afirmaba A. Schulten, célebre por sus investigaciones sobre Tartessos. Otros, por el contrario, defendían una procedencia asiática o centroeuropea (Arroyo Pardo *et al.*, 2006). Incluso hay referencias de autores clásicos como Pomponio Mela en su tratado *De Chorographia I*2,13 o Plinio el Viejo en su libro III-VI de *Historia Natural* que hablan sobre los «hiberos del Caucaso», en la actual Georgia.

Más allá de esta discusión, podemos afirmar que vivieron entre los siglos VII-I a. C., que la cultura ibera la conformaban diferentes grupos tribales como los bastetanos, oretanos o turdetanos, entre otros, y que vivieron en lo que se denomina Edad del Hierro, nombre atribuido por ser principalmente el hierro el metal más utilizado, pues no sólo era más abundante que el cobre o bronce, sino que además se afilaba mejor y era mucho más resistente (Eslava Galán, 2004).

La cultura ibérica ocupaba un territorio muy extenso que abarcaba el valle del Guadalquivir, el levante peninsular, el valle medio del Ebro y Cataluña hasta la ribera del río Hérault, en Francia. Surge como un proceso de cambio cultural, primero como herencia de la antigua cultura del Bronce, incluido lo que se ha denominado como Tartessos y con posterioridad por los contactos entre los iberos y los primeros pueblos colonizadores, principalmente fenicios y griegos, y por las relaciones que se produjeron con otros pueblos de la península como los celtas o celtiberos, etc.

Eran sucesores de un orden social de clases y rangos donde permanecían latentes las desigualdades sociales, con una aristocracia en la que señores, damas y guerreros sustentaban un estatus de poder, percibiendo la mayor parte de los bienes que se producían en detrimento de la población campesina y artesanal. Las escalas más bajas de la sociedad se veían obligadas a buscar en ellos la protección frente a otros señores, lo que auspiciaba unos lazos de clientelismo que eran diferentes según las tribus. En otro estrato de esta sociedad, entre estos señores, damas y guerreros y el resto de la población, se habilitaba un grupo nutrido de personas que se ocupaban de las tareas administrativas y militares o religiosas como los sacerdotes y sacerdotisas para asegurar el orden (Recio Ruiz, 2002) y que también formaban parte de las clases altas. A pesar de esta organización social las confrontaciones internas y las disputas entre grupos de distintos territorios eran habituales ocasionando cambios sociopolíticos e incluso religiosos, tal es el caso de lo ocurrido durante el *Ibérico Pleno*. Durante este momento los santuarios, ubicados en el interior de las viviendas, se trasladan a espacios externos en cuevas o lugares propiciatorios (Aranegui Gascó, 2022) de los que contamos con innumerables ejemplos, como la Cueva de la Lobera (Castellar de la Frontera, Jaén), el santuario de Puente Tablas (Jaén) o el santuario del cerro Tozaires (Valle de Abdalajís, Málaga).

Además, no era extraño que esta aristocracia se presentara como heredera de un linaje mítico fundador del poblado y de ese modo legitimar su poder y su rango social. Se establecía así una hegemonía de unos pocos frente a otros reflejada no solamente en vida, con mejores condiciones y un acceso a una mayor variedad y de calidad de alimentos, sino también en la muerte. Esto es el reflejo de una jerarquía territorial que se manifiesta en la existencia de necrópolis o tumbas monumentales destinadas a las élites, como la tumba de Toya (Jaén) o el monumento funerario de Pozo Moro (Albacete). Eran enterramientos en los que los restos del difunto iban acompañados de objetos de prestigio, a los que la mayoría de población no tenía acceso ni derecho, como símbolo de autoridad y estatus de estos individuos, que podían ser tanto masculinos como femeninos. Un ejemplo es la tumba de la Dama de Baza (Granada). A pesar de la existencia de estas tumbas monumentales lo más habitual era depositar los restos del difunto después de la cremación con sus pertenencias en un hoyo excavado en la tierra y sellarlo con piedras, arcilla o adobe. En otras ocasiones, los huesos se depositaban en el interior de una urna y posteriormente se cubría por un montículo de tierra, un túmulo, como demuestran los de la necrópolis de la Noria (Fuente de Piedra, Málaga) o el hipogeo de Hornos de Peal (Jaén).

En definitiva, nos encontramos con una sociedad compleja en la que las relaciones humanas jugaron un papel crucial, puesto que debían interactuar no solamente con otros grupos indígenas, sino también con gente procedente del Mediterráneo oriental, y de ese modo favorecer el bienestar y los cambios que originaron el desarrollo y el auge de esta cultura. Las clases poderosas, encabezadas por la realeza, conformaban la parte visible de la sociedad ibera frente al resto. En sus manos recaían el establecimiento de alianzas, contactos y la buena gestión de las relaciones comerciales, incluyendo las travesías por mar, puesto que para obtener mayores beneficios, procedentes de los intercambios, era crucial mantener la cordialidad y la paz entre los distintos grupos (Aranegui Gascó, 2022).

Figura 3: Escenificación mujer ibera recreación sobre la gestualidad Ibera. Fotografía: Instituto Universitario de Investigación en Arqueología Ibérica de la Universidad de Jaén

Dentro de estas relaciones se producía la interacción de los distintos clanes a través de los matrimonios concertados entre familias y en las que las mujeres, sobre todo a partir del siglo IV a. C., adquieren un nuevo papel como figuras de autoridad y prestigio, cuando se consolida la aristocracia y surge el clientelismo. Las mujeres eran las encargadas de elegir marido para sus hijas o hijos e incluso para sus hermanos, ya que la dote pasaba de madres a hijas, por lo que la figura de estas mujeres influyentes jugaba un papel importante en el desarrollo y evolución de las buenas relaciones comerciales y familiares en la península ibérica durante la Edad del Hierro (*figura 3*).

LOS POBLADOS

Para comprender el origen de los poblados iberos resulta fundamental echar la vista atrás y entender cómo eran con anterioridad. Durante el Neolítico, la Edad del Cobre e incluso los primeros momentos del Bronce, la existencia era eminentemente agraria. Sin embargo, a finales de este período se produce una transformación de este tipo de existencia y se configura un nuevo modo de vida entorno a lo urbano.

A partir del siglo VII a. C. se asiste a una concentración de las poblaciones rurales que, en ese momento, abandonan sus poblados y ocupan lugares estratégicos, con pasos naturales que eran utilizados como vías de comunicación y de comercio, lugares situados próximos a puntos de agua y ubicados en zonas elevadas como medida de protección, dotándolas incluso de sistemas defensivos amurallados. En definitiva, se asiste a un cambio en la fisionomía y estructura social y política de sus habitantes, de sus espacios. Dependiendo del poder y los excedentes, ya sean agrícolas, ganaderos o minerales que poseían estos poblados, podían albergar a más o menos población, lo que a su vez supondría la hegemonía de los pueblos más fuertes frente al resto.

Estos poblados fortificados eran denominados *oppidum* y ejercían el control político, económico, administrativo, religioso y territorial de la zona que controlaban, conformando los cimientos de la vida urbana tal y como los conocemos hoy en día. En la fundación de estas urbes jugaban un papel muy importante las creencias, de hecho, una de las prácticas habituales entre los iberos era sacralizar el espacio de hábitat y para ello se sacrificaba un animal y se enterraba justo debajo de la casa o en los muros, al igual que en los templos o el propio *oppidum* a modo de protección.

Las murallas de algunos de estos poblados incluían torres y bastiones y en su interior las calles se adaptaban al terreno. En los *oppidum* de mayor entidad, como el de la Bastida de les Alcusses (Moixent, Valencia) las calles estaban acondicionadas para la circulación de los carros y contaban con edificios de uso público y un gran almacén colectivo (Iborra y Vives-Ferrándiz, 2015).

Las viviendas se construían con muros de adobe sobre zócalos de piedra, con un uso generalizado del ladrillo para las paredes y los pavimentos (Serrano Martín, 2015). Muchas de ellas se construían adosadas a los muros de la propia muralla. Los cimientos eran también de piedras unidas con barro sobre los que se construían los zócalos para darle más firmeza al cimiento y así aislarlo de la humedad y a su vez darle consistencia al muro para aguantar el tejado (Eslava Galán, 2004). Un estudio realizado sobre los materiales de construcción de las casas del yacimiento ibero de Puente Tablas (Jaén) ha certificado la utilización de yeso, calcita y cuarzo para las fabricaciones del pavimento de las casas y la utilización de hematite como colorante, confiriéndole la tonalidad rojiza tan característica de la cultura ibérica (Sánchez Vizcaíno *et al.*, 2007).

Las casas familiares tenían una estructura cuadrangular o rectangular, que permitía una mejor división interior del espacio y, a su vez, una ordenación de las calles. Con este sistema se podían adosar unas casas con otras. Estos habitáculos contaban con una o dos plantas, dependiendo de la clase social del dueño de la casa y en ocasiones con un altillo que servía para el almacenaje de los alimentos, siendo además frecuentes los bancos de arcilla y mobiliario de madera (*figura 4*).

Figura 4: Poblado de Calafell (Tarragona). Fotografía: Marisol Maíz

Las estructuras cuadrangulares de las nuevas ordenaciones de las casas sustituyen a las cabañas ovales visibles en algunos yacimientos malagueños como las de Raja del Boquerón (Ardales) o Huertas de Peñarrubia (Campillos) (Recio Ruiz *et al.*, 1995). De hecho, estos cambios en la fisionomía de los asentamientos ibéricos comienzan a ser perceptibles con la llegada de los primeros colonizadores fenicios. Algo similar ocurrirá con las producciones cerámicas realizadas a mano indígenas, que serán sustituidas por las alfarerías ejecutadas a torno, que son propias de los fenicios. Unos cambios que implicaron una evolución substancial en la cultura ibérica.

El hecho de modificar las estructuras de las cabañas de planta ovalada y convertirlas en cuadradas permitió una mejor organización de los espacios y en consecuencia del trabajo, no solo dentro de las cabañas, sino en el propio poblado. Ocurre exactamente lo mismo con la cerámica, la llegada del torno favoreció el trabajo especializado, pues se comienzan a utilizar instrumentos industriales y a trabajar en los hornos con altas temperaturas (Ruiz Rodríguez, 1992).

Fuera de los poblados se mantienen pequeños núcleos de población dedicados a la agricultura, ganadería o zonas de producción, como podía ser la minería, pero siempre controlados por pequeños recintos y torres interconectadas visualmente con los *oppidum* (Recio Ruiz *et al.*, 1995).

Todo el excedente agrario tenía como principal destino el *oppidum,* donde era almacenado para abastecer al resto de la población y también para el comercio.

Los productos de mayor calidad se destinaban a la población dominante, a diferencia del resto de habitantes que, viviendo bajo el dominio de esta aristocracia, subsistían con factores alimenticios menos eficientes. No debemos olvidar que las diferencias sociales existentes dentro del mismo poblado irían en consonancia con las especies consumidas, es decir, la aristocracia tendría un consumo cárnico mayor y de mejor calidad que el resto de población. De hecho, estas diferencias sobre el consumo cárnico pueden observarse en los restos arqueológicos localizados dentro de las casas iberas y, además, pueden quedar reflejadas en los restos humanos, lo que nos permite saber si existía un consumo mayor de carne en unos individuos o en otros dependiendo de su estatus social.

En los *oppidum* de mayor importancia, además de las casas también se construían palacios y santuarios, como es el caso de Puente Tablas. Los estudios realizados en este *oppidum* han dado resultados muy interesantes con los que podemos conocer las distintas especies de frutas consumidas y árboles usados en los diferentes espacios. De hecho, en el santuario de Puente Tablas se ha constatado la presencia mayoritaria de ciruelo, almendro y vid, tal vez como ofrendas, y un alto porcentaje de otros árboles como el fresno que pudieron utilizarse como madera para el fuego o como elemento constructivo, mientras que en el palacio lo que más aparece son restos de pino carrasco y almendras junto a otras especies como el acebuche (Rodríguez-Ariza, 2019).

La preparación del fuego, tanto para calentar los edificios como para cocinar, requiere de unos conocimientos previos como la selección de maderas que tengan una mayor resistencia al fuego, de manera que no se necesitara de un continuo aporte de materia vegetal para los hogares. Este hecho confirma el conocimiento exhaustivo del territorio en el cual se distribuyen los distintos recursos de aprovechamiento en los *oppidum* y constituye un modo de relación entre el sujeto y el medio ambiente (Jordá Pardo *et al.*, 2015). Los desplazamientos para la búsqueda de este tipo recursos madereros eran variados y se realizaban en un entorno más o menos inmediato a los poblados, según el grado de antropización de los terrenos (Ruíz Rodríguez y Rodríguez Ariza, 2003).

EL PAPEL PREDOMINANTE DE LA AGRICULTURA

El cambio que supuso la primera domesticación de las especies vegetales, durante el Neolítico, como las habas, el trigo, la cebada o la almorta, hace aproximadamente 7000 años (Espejo Herrerías *et al.* 2013) se debió a unas condiciones climáticas propicias para este tipo de actividades. Esta circunstancia, que generó un excedente agrario, permitió a su vez un incremento de la población y, por ende, la aparición de las primeras diferencias sociales entre los individuos, pues unos grupos tendrían más alimento que otros llegando incluso a establecer intercambios para conseguir otros productos de los que carecían utilizando los cereales como moneda de cambio. A ello se le unen unos intereses territoriales por tener las mejores tierras de cultivo que se verán reflejados en la necesidad de proteger estas zonas productivas de mayor calidad frente a otros poblados, iniciándose este fenómeno desde la Prehistoria reciente y continuando durante el periodo que nos ocupa, el ibérico.

Las relaciones comerciales con los fenicios, cuyos inicios parecen remontarse a la Edad del Bronce, a partir del siglo IX a. C. y según los datos obtenidos en los yacimientos de la Rebanadilla (Málaga) o en Huelva (AAVV, 2018), marcan un escenario muy diferente del que se tenía constancia hasta hace relativamente poco tiempo. Estos contactos tempranos favorecieron la entrada de nuevos productos como las gallinas, los asnos, los olivos y después el aceite de oliva, incluso se introdujeron nuevas metodologías de cultivo que mejoraron la producción de determinados alimentos. Las técnicas a las que nos referimos son la poda y el injerto, iniciando así una transformación agrícola con la incorporación de la arboricultura con árboles frutales y otras especies como los olivos, los almendros o la vid, entre otros. De hecho, Plinio el Viejo, ya destacaba la calidad de las ciruelas injertas de la Bética.

> XV 12, 42
> Nuper in Baetica malina appellari coeperunt malis insita pruna, et alia amygdalina amygdalis: his intus in ligno nucleus amygdalae est. Nec aliud pomum ingeniosius geminatum est.
> (Dos variedades béticas de ciruelas injerta).

> Hace poco en la Bética han empezado a llamar malinas las ciruelas injertas en manzanos y amigdalinas las injertas en almendros Estas últimas tienen dentro del hueso [...] y no hay ningún otro fruto que se haya doblado tan ingeniosamente)
> (Bejarano Sánchez, 1987).

Además, frente a los momentos anteriores, donde la mala calidad de los metales como el cobre o bronce para las tareas agrícolas impedía profundizar en la tierra, la llegada del hierro supuso un gran avance en la agricultura. Ahora no era necesario mezclar distintas plantas en la siembra para asegurar la cosecha, pues con las azadas, los escardillos y, sobre todo, con el arado se podía profundizar los surcos donde se sembraba y en consecuencia ampliar el espacio cultivado (Uroz Sáenz, 1999).

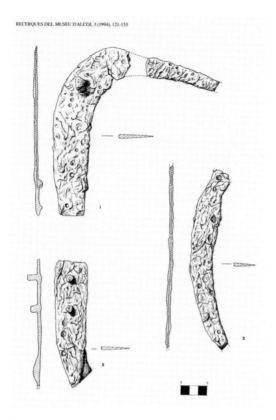

Figura 5: Hoces del poblado de la Serreta, Alcoi. Moratalla, 1994

Por aquel entonces, la península ibérica presentaba un clima templado, con inviernos lluviosos, veranos secos y un suelo muy fértil que favorecía el cultivo y, por tanto, la cría de animales. Los bosques de encinas empiezan a retroceder dejando paso a zonas abiertas de estepa con presencia de lentiscos, enebros, brezos, pinos, junto a espartos, romeros o tomillos, entre otros (Buxó, 1997). Un paisaje modificado continuamente por la acción humana, sobre todo con la aparición del hierro que permitió la fabricación de útiles o herramientas como el arado, el yugo o la azada que se utilizaban en la preparación de los terrenos para el cultivo, y otros como las hoces (*figura 5*) que servían para la recolección de las cosechas (Moratalla Jávega, 1994). Su importancia como herramientas de labranza y el dominio del trabajo del metal fue tal, que muchas de las herramientas fabricadas por ellos hoy en día aún se siguen utilizando en el campo.

Las condiciones de los suelos jugaron también un papel muy importante en los tipos de cultivos, pues no todas las especies se adaptan del mismo modo a los distintos tipos de suelo, de hecho, existen yacimientos iberos donde existe un predominio de unos cereales o leguminosas frente a otros.

Se desarrolla una agricultura muy especializada con una alternancia de cultivos, cuya recolección se realizaba entre los meses de verano e inicios del otoño y que permitía una dieta rica y variada. Las especies más consumidas a nivel vegetal lo componían principalmente los cereales de invierno (el trigo común/duro, la escanda menor, la escaña, el yero y la veza) y los cereales de primavera (el panizo, el mijo, la cebada vestida y la avena). Todos ellos constituían la base de la pirámide alimentaria, alternando el cultivo con las leguminosas para oxigenar la tierra, sin necesidad de dejar los terrenos en barbecho. Son plantas de gran valor nutritivo y alta productividad, las cuales se pueden consumir en fresco o en seco, donde las lentejas, los garbanzos, las habas o los guisantes eran las más consumidas (*figura 6*).

Figura 6: Semillas de cebada desnuda, habas y guisantes del Neolítico. Espejo Herrería *et alii*, 2013

Destaca en el estudio carpológico del yacimiento ibero de Puente Tablas un uso diferenciado de los cereales y las leguminosas en los distintos espacios del *oppidum*. En el caso del trigo se documenta en mayor cantidad en el santuario, tal vez porque se utilizaba como ofrenda, mientras que la cebada aparece representada en mayor cantidad en el palacio donde, según sus investigadores, se pudo destinar tanto al consumo humano como al animal (Montes Moya, 2019).

Junto al cultivo del cereal y las legumbres, también eran recolectados distintos tipos de frutos procedentes de árboles frutales que se habían sembrado para ese fin concreto. Por el contrario, otros se recolectaban directamente de los arbustos o arboles silvestres.

Los estudios de los últimos años sobre la arboricultura indican que se extendió rápidamente iniciándose primero en el litoral mediterráneo y en el valle del Ebro, zonas de contacto con poblaciones del Mediterráneo oriental (Peña Chocarro y Pérez Jordá, 2018), lo que permitió el consumo de una mayor variedad de productos y con un alto grado de nutrientes. Destacan los higos, las aceitunas, las almendras, los piñones, las uvas, las cerezas identificadas en el yacimiento de los silos de la Universidad Autónoma de Barcelona (Alonso y Buxó, 1991); las ciruelas, las manzanas, las peras, el sauquillo, las avellanas en el Castillo de Doña Blanca (Buxó, 1997); las nueces, las bellotas los frutos del bosque dependiendo de la zona, así como las zarzamoras en Illa d'en Reixac, Cataluña (Castro y Hopf, 1982); o las granadas. En el caso de esta fruta no hay un consenso claro respecto a su origen; sin embargo, existen restos de este fruto en el Ibérico Pleno en el yacimiento de La Seña, Puntal deis Llops (Olocau, Valencia) y numerosas representaciones en exvotos y en dibujos sobre cerámica o imitando sus formas (*figura 7*).

Figura 7.1 y 7.2: Aríbalo en forma de Granada necrópolis de Bobadilla. Guía de la exposición mujeres iberas. Tinaja con escenas de recolección de granadas y de caza. Tossal de Sant Miquel (Llíria, Valencia). Siglos III-II a.C. Imagen: Museo Arqueológico de Valencia

También era frecuente el consumo o la utilización para la elaboración de los platos de otro tipo de vegetales que no necesitaban de una plantación, como por ejemplo el lino, las malvas, la caléndula, el rabanillo silvestre, localizados en el *oppidum* de Puig de Sant Andreu (Ullastret, Girona) o en Illa d'en Reixac (Buxó, 1997), el romero, el palmito, el almez, el ajo, las setas, los espárragos, la lavanda, el espliego, el tomillo, el orégano, la salvia, el lentisco, el amor del hortelano o el cardo. Incluso la col estudiados en los yacimientos de Font de la Canya (Avinyonet del Pénedes, Barcelona) y Sant Esteve d'Olius (Olius, Lleida) (AA. VV. 2005-2007).

Junto a este consumo prioritario de cereales, legumbres, y carne también debieron consumirse los productos derivados de estas especies como los huevos, la leche o el queso.

EL CONSUMO DE PRODUCTOS

CEREALES

Su papel ha sido tan relevante en la historia del hombre que existe una relación directa entre su cultivo y el desarrollo de las civilizaciones. Cada continente tiene un cereal predilecto, adaptado a los diferentes climas y hábitats: en Oriente, desde Asia al Atlántico, predomina el arroz, el trigo y la cebada; el centeno, la avena y el alforfón en el Nordeste de Europa; el maíz en América y el mijo y el trigo en África.

Los cereales pueden contener entre un 8% y un 15% de proteínas y poseen poca materia grasa, que se suele encontrar en el germen, además están compuestos por ácidos grasa poliinsaturados. Son muy ricos en glúcidos (almidón, entre un 60% y un 80%) y también contienen fósforo, hierro, magnesio y zinc; pueden contener vitaminas del grupo B (niacina, tiamina y riboflavina) y ácido fólico. Estas vitaminas se localizan en su mayoría en las capas exteriores de las semillas, por lo que apenas están presentes en los productos transformados, ya que desaparecen cuando las cereales se descascarillan o se pulen. La vitamina E también se pierde en los cereales refinados, ya que se encuentra en el germen y este se retira durante tales procesos.

La cocción de los cereales puede hacerse en agua, caldo o leche, previo remojo o no, según los casos; casi todos requieren dos o tres veces su volumen de líquido para la cocción, pudiendo resultar pastosos si hay exceso o duro por defecto de líquido. Durante la cocción, el grano aumenta hasta tres o cuatro veces su volumen, por lo que habrá que prever esto para utilizar el recipiente adecuado. El tiempo de cocción dependerá del tipo de cereal, frescura y grado de refinamiento, oscilando entre los diez y los cuarenta y cinco minutos.

Para su perfecta conservación debemos seguir las siguientes pautas:

— Cerrados herméticamente, en saco o recipiente y alejadas del suelo.
— Deben estar en un lugar fresco, seco y alejado de la luz solar.
— Se deben observar que no tengan pulgones u otros insectos, que no estén picadas y que no tengan marcas del paso de roedores.
— No debemos comprar grandes cantidades y debiéndolas consumir lo antes posible, ya que, aunque se conservan bastante tiempo, van perdiendo la humedad que les queda, quedando en ocasiones excesivamente secos y duros.

Analizando un gramo nos encontramos que contienen un 10% de proteínas de insuficiente valor biológico, por escasear en ellos la lisina; contienen además bastante calcio, hierro y todas las vitaminas del complejo B. Son pues un alimento muy completo. A lo antes dicho, debemos añadirle que el hombre no consume el grano completo, sino que muele y cierne para obtener harina. Por ello, se pierden la mayor parte de las proteínas, minerales y vitaminas, convirtiendo a los cereales en un alimento casi totalmente energético.

Se llama grado de extracción de una harina al porcentaje de grano total que se utiliza; así, las harinas muy blancas tienen una extracción del 60%; las harinas negras tienen un grado de extracción del 85%. Cuanto más alto es el grado de extracción de una harina, más valor alimenticio tiene, pero más oscuro es el pan que con ella se elabora.

Así, una harina de 85% contiene un 13 % de proteínas, 19 mg. de calcio, 0,3 de B1, 2 mg. de Niacina, etc.; mientras que la harina blanca contiene 12% de proteínas, 13 mg. de calcio, 0,08 de B1 y 0,8 de Niacina. Pese a esto, la gente prefiere el pan blanco al negro integral, ya que el primero tiene una presentación y aspecto más atractivo.

A pesar del tiempo, el pan sigue siendo un alimento básico de primer orden, su consumo junto a proteínas animales o leguminosas, que complementa sus proteínas pueden resolver (precariamente) la situación nutricional de un país.

En la cocina ibérica están presentes una importante variedad de cereales. Por un lado, ya dijimos que aparecen los cereales de invierno como el trigo, la escanda y la escaña; por otro los cereales de primavera, el panizo, el mijo, la cebada vestida, o la avena. Algunos de estos cereales como el yero, presentan un alto contenido proteico inferior a 20%, pero necesita someterse a cocción para inactivar un glucósido cianogético que resulta muy tóxico. De hecho, en los cerdos y las aves puede provocar una grave intoxicación. Sin embargo, para el ganado ovino y vacuno no resulta tóxico siempre y cuando no supera el 25% de la ración (Arnanz, 2000). Es cierto que este cereal, junto a la veza, ha sido documentado en algunos yacimientos prehistóricos y protohistóricos; sin embargo, su utilización como alimento en la dieta humana no ha sido confirmado por el momento.

Los cereales una vez recolectados debieron someterse a un proceso de trilla y aventado, como así atestiguan los restos de cebada vestida del yacimiento ibérico tardío de Castellón de Céal (Hinojares, Jaén) (Mayoral Herrera, 2000). Posteriormente eran almacenados o molidos para obtener la harina que podía utilizarse para preparar tortas o elaborar pan. En el caso del pan era fundamental la utilización de levadura para su fermentación y los restos de lo que parece ser un pan lo tenemos en el yacimiento de Casa del Monte (Valdeganga, Albacete), donde apareció una masa informe que al estudiarlas a través del microscopio se observaban levaduras y granos de almidón, propio del pan (Mata Parreño *et al.*, 2010). Con las harinas obtenidas se preparaban además gachas, sopas o galletas y a su vez podían utilizarse como espesantes para guisos y estofados.

Igualmente, otro de los usos del cereal era la elaboración de las bebidas fermentadas, lo que explicaría su elevada presencia en los yacimientos arqueológicos de cebada (Canal I Barcala, 2000).

LEGUMBRES

Sin ninguna duda podemos decir que nos encontramos ante la base de la alimentación humana, al menos durante bastantes años. La particularidad que tienen en común es su aporte en hidratos de carbono, siendo sus demás nutrientes variables según la clase y el tipo.

Las legumbres:

> «Se conoce como legumbres secas a las semillas de las leguminosas, sanas y limpias, que se han sometido a un proceso de desecación o deshidratación para prolongar su conservación durante largo tiempo».

En general, desde nuestro punto de vista, las legumbres poseen las siguientes cualidades:
—Aportan, además de los hidratos de carbono, minerales, vitaminas y proteínas y son pobres en grasa.
—Tienen una gran versatilidad; se pueden emplear para legar o espesar sopas, cremas o purés, pueden formar guarniciones, o parte de ensaladas o constituir un plato por si solas.

Aunque son fáciles de conservar, debemos tener las siguientes precauciones:

— Cerradas herméticamente, en saco o recipiente y alejadas del suelo.
— Deben estar en un lugar fresco, seco y alejado de la luz solar.
— Se debe observar que no tengan pulgones u otros insectos, que no estén picadas y que no tengan marcas del paso de roedores.
— Deben consumirse lo antes posible, ya que, aunque se conservan bastante tiempo van perdiendo la humedad que les queda, quedando en ocasiones excesivamente secas, duras y con el hollejo arrugado.

A su vez existen unos criterios de calidad que se han de tener en cuenta:

— Aspecto terso, hollejo liso y sin picaduras, sin olores extraños y sin suciedad visible; el grano debe estar íntegro y de tamaño uniforme.
— Una vez cocinadas, y si se ha procedido correctamente, deben quedar enteras, cremosas en el interior y el hollejo fino, casi imperceptible (esto depende de la variedad).

Las leguminosas, tienen una preparación similar a los cereales. En los hogares de los iberos debieron de consumirse de modos diversos, incluso se puede obtener harina para hacer pan.

Antes de utilizarse, la mayoría de las legumbres secas han de rehidratarse, es decir, puestas a remojo, para facilitar su cocinado ya que si no resultarían duras; así también se debe proceder con algunos tipos de cereales. Otro factor que influye en el resultado final es el tipo de agua, si esta es dura perjudica la terneza de las legumbres. Igualmente influye la temperatura de cocción, la cual no debe sobrepasar los 95° C, en el momento de agregar la legumbre elegida.

Las legumbres que aparecen con mayor frecuencia en los yacimientos ibéricos son los garbanzos, los guisantes, las habas, las lentejas, las vezas y los guijos o chícharos —también conocida como almorta—, las arvejas y las alfalfas. Estas podían consumirse de distintas formas, bien crudas, secas, tostadas, hervidas para consumirlas solas o en sopas, así como molidas y mezcladas con otros granos para la obtención de harinas para elaborar gachas, o mezcladas con carne y verdura.

Hay que destacar el caso de las habas, que contienen un alto nivel de proteínas, una vez que se han secado posee más prótidos incluso que la carne (Almagro-Gorbea, 1991). Algo similar a las habas ocurre con las lentejas, que contienen un 20% de proteínas, por lo que las convierte en un buen sustituto de la carne, lo que sería muy útil en las comunidades iberas (Montes Moya, 2014). Otros como los yeros, considerados tóxicos, resultaban inofensivos y comestibles al remojarse, y una vez eliminada su toxicidad se podían hacer sopas. En el caso de los guijos o chícharos, tienen una cocción lenta y son de difícil digestión, es un alimento que hoy en día no podríamos comer pues un uso continuado del mismo nos produciría latirismo, ocasionándonos parálisis de las extremidades. Sin embargo, el consumo continuado de las mismas, que debieron llevar estas comunidades iberas, debió de hacerles inmunes a sus efectos pues los restos de guijas o chícharos son habituales en los yacimientos desde época prehistórica (Espejo Herrerías *et al.*, 2013).

CARNES

Llamamos carne a los músculos de los animales, siendo las más consumidas en la actualidad la de vaca, cordero, cerdo y ave; todas ellas deben su valor alimenticio a su riqueza en proteínas de buen valor biológico (20%).

Las carnes contienen grasa, variando su porcentaje y afectando de forma directa a la digestión (cuanta más grasa contenga la carne consumida más «pesada» será la digestión: la de caballo 5%, vacas y aves 15% y el cerdo hasta un 35%); además, son ricas en hierro, Niacina, B1 y B2, faltándoles casi por completo el calcio y las vitaminas A y C.

El consumo de carne provenía principalmente de los animales domésticos y con ciertas preferencias de unos frente a otros. Este aporte cárnico se complementaba con animales de caza, además de la pesca y la recolección de moluscos que está atestiguada en algunos yacimientos ibéricos.

Los animales domésticos presentes en el registro arqueológico eran la oveja y la cabra, la vaca o el toro, el cerdo y la gallina y otros animales como el caballo o el asno. Tanto la gallina como el asno son especies relacionadas con la influencia fenicia. Entre los animales salvajes se encontraban el ciervo, el conejo, la liebre, el jabalí, el lince, el tejón o numerosas aves como la perdiz, el tordo, la paloma o el pato, entre otros. Además no es de extrañar que las poblaciones cercanas a zonas fluviales o marítimas practicasen el marisqueo o la pesca, de hecho existen algunos hallazgos de elementos de metal asociados a los lastres de las redes como los aparecidos en Cancho Roano (Zalamea de la Real, Badajoz), en Lattara (Francia) o en el yacimiento Castellones de Céal (Hinojares, Jaén) para el ibérico tardío (Mayoral Herrera, 2000), en el yacimiento de La Era en Benalmádena (Málaga) (Recio Ruiz, 2002) o en Alorda Park (cerca de la ciudadela de Calafell), por citar algunos ya que no son los únicos.

En el mundo ibero, las carnes debieron procesarse de distinta forma: una vez era descuartizado el animal las partes seleccionadas para el consumo eran cocidas en guisos o hervidas, asadas, secadas, ahumadas o saladas. El propio Polibio (XXXIV, 88) habla de la carne salada, cuando hace referencia a los iberos (Iborra Eres, 2000).

Existía una cierta preferencia por determinadas partes del animal, como podían ser las mandíbulas, las patas, las costillas o las vértebras, que se podían consumir de distinta forma (*figura 8*). En el caso de las costillas, los estudios que se han realizado en el yacimiento francés de Lattara, sobre los restos de costillas de bóvidos sugieren que fueron fraccionadas en porciones por lo que se piensa que pudieron cocinarse en caldos o guisos (Alonso *et al.*, 2010). Se observa, a nivel general, un consumo prioritario de cabras y ovejas, seguidas de cerdos, bóvidos y ciervos (Iborra Eres *et al.*, 2010).

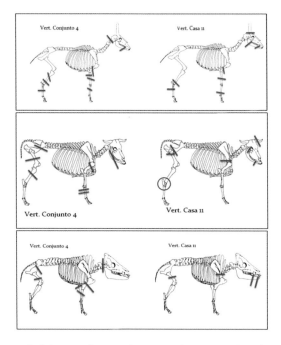

Figura 8: Marcas de carnicería en los restos localizados de ovicápridos, bóvidos y cerdos en la Bastida de Les Alcusse(Moixent, Valencia). Iborra y Vives, 2015

De hecho, en los yacimientos ibéricos se percibe claramente la importancia que adquieren los ovicápridos en comparación con los bóvidos y un aumento del consumo de los cerdos, sobre todo a partir del Ibérico pleno (Iborra Eres, 2000).

Junto a estos nos encontramos también con las gallinas traídas por los comerciantes fenicios, siendo las primeras las denominadas gallinas sureñas, encontrándose restos de ellas en el Castillo de Doña Blanca (Cádiz) y otras especies de animales de caza, como el ciervo o el jabalí, tordos, perdices, etc., incluso reptiles como las culebras o los lagartos. Pero también se han encontrado evidencias del consumo de animales como el caballo o el perro en el yacimiento de Cabeço de Mariola, en Alicante (Grau Mira, 2018).

En la mayoría de las ocasiones se consumían animales de edad adulta y viejos, aunque no son infrecuentes los ejemplares jóvenes, lo que supone un aprovechamiento mixto de estos para el consumo, así como su utilización para otro tipo de usos como puede ser la obtención de leche o lanas, en el caso de las ovejas, y para su utilización en las tareas agrícolas en el caso de las vacas/toros o los caballos. No ocurre igual con los cerdos cuyo aprovechamiento es exclusivamente cárnico.

La diferencia entre carnes jóvenes y viejas estriba solamente en que la de los ejemplares de más edad contiene más tejido conjuntivo y por eso su digestión es más lenta; por lo demás, su valor alimenticio es prácticamente el mismo. No es imprescindible comer carne (si se sustituye por leche, queso, pescados, etc.), pero si es posible debe de tomarse a diario. Las vísceras de más valor nutritivo son el hígado y en segundo lugar los riñones, que no solo contienen abundantes proteínas (20% y 17%, respectivamente), sino que son ricos en todas las vitaminas, excepto en la C; el hígado es pues, un alimento de primer orden, sobre todo si se hace a la plancha y poco hecho.

PESCADOS Y MARISCOS

Los pescados tienen el mismo valor biológico que la carne. La sensación de que llenan menos es por poseer menos tejido conjuntivo, pero tienen un 18% de proteínas de muy buena calidad. La diferencia entre pescados blancos y azules es su contenido en grasas, mayor en estos últimos. Así un pescado como la merluza (blanco) tiene un 0,5% de grasa, mientras que el atún (azul), posee un 12%, aunque estas grasas son bastante fáciles de digerir.

Al consumir pescado hay que tener en cuenta el alto porcentaje de desperdicios; así, la carne tiene alrededor del 20%, mientras que el pescado puede llegar a tener hasta el 50%. En el caso de los pescados secos debemos de tener en cuenta que llegan a contar con el 60% de proteínas, tres veces más que la carne. Los pescados que se comen con raspa son una buena fuente de calcio.

El consumo de pescado en el mundo ibérico debió ser frecuente, sobre todo en los poblados cercanos a zonas costeras o cursos fluviales, pues es un recurso del que se podía hacer uso con facilidad. Los pescados se consumirían del mismo modo que en la actualidad, frescos, secos, ahumados o en salazón. Aunque es cierto que no está bien documentada la presencia de restos de pescado en los yacimientos ibéricos, por su dificultad de conservación, si existen algunos restos de vértebras de pescado, destacando, sobre todo, el yacimiento francés de Lattara con restos de pescado de laguna y de mar, como doradas, anguilas, sardinas, salmonetes o caballa (Oliver Foix, 2000).

Junto a estas capturas también debieron de recolectar moluscos, especialmente en las zonas costeras, como por ejemplo en los Castillejos de Alcorrín (Manilva, Málaga), donde la aparición de gran cantidad de restos de malacofauna indica una gran importancia del marisqueo como parte de la subsistencia en este poblado (Suárez Padilla, 2006) y tal vez del consumo de caracol terrestre. Junto a estas especies también se han documentado restos de barbos y besugos en Illa d'en Reixac (Ullastret, Girona).

VEGETALES

Los vegetales son alimentos prácticamente sin valor calórico ni proteico, aunque muchas de ellas son ricas en calcio, contienen unas sustancias (fitatos y oxalatos) que dificultan la absorción de este calcio. Suelen contener bastante hierro, aunque también su utilización es incompleta. Su importancia se debe a su riqueza en carotenos (precursores de la vitamina A) y en vitamina C. Los carotenos abundan en las verduras rojas y en las partes más verdes de las demás, que son también las más ricas en vitamina C. Este grupo puede subdividirse en dos partes; verduras crudas y cocinadas. Las primeras conservan todas sus vitaminas; las segundas han perdido gran parte de la vitamina C y una cantidad importante de la vitamina A, en forma de carotenos. Por tanto, su valor alimenticio es muy inferior.

En España, es necesario educar a la gente para que aumenten su consumo de vegetales, cosa natural si tenemos en cuenta que somos uno de los países con mayor producción de frutas y verduras; un tomate al día es suficiente para transformar en normal la alimentación deficitaria de muchas personas.

Dentro del mundo ibero existía un uso variado de vegetales, aunque no todos se utilizaban exclusivamente para el consumo humano. Un claro ejemplo es el lino, que tenía un uso tanto culinario como funcional, pues debemos saber que se podía extraer aceite mediante el prensado de sus semillas en frío, el cual serviría para el consumo humano y para la iluminación de las viviendas, además de la obtención de fibras para elaborar tejidos o recipientes, como cestos, por ejemplo. Se han localizado algunos restos en los yacimientos ibéricos de Illa d'en Rexac, el *oppidum* de Saint Marcel en Francia (Buxó, 1997), y en el *oppidum* ibérico de Puente Tablas en Jaén (Montes Moya, 2014). Fue un producto que adquirió una gran fama, siendo incluso exportado, que se destinaba a la fabricación de cedazos y tapices para las armaduras de los guerreros y para los tejidos de mayor calidad (Uroz Sáez, 1999).

La malva (*figura 9*), es una planta con numerosas propiedades curativas reconocidas desde hace mucho tiempo. Es muy rica en mucílago y se aprovechan las hojas tiernas y las flores que son las que contienen los principios activos que las convierten en beneficiosas para nuestra salud. Además, con sus hojas secas se pueden preparar infusiones que se consumen aún hoy en áreas de Albacete y Álava. Es importante saber, antes de su consumo, que sus hojas pueden estar afectadas por un hongo que aparece en la zona posterior a modo de puntitos rojos o anaranjados ya que es tóxico y puede afectar a la salud.

Figura 9: Imagen de malvas silvestres. Fotografía: Damián Partido

Entre ellas podemos destacar la campánula, sus raíces y tallos son comestibles; la caléndula, cuyas hojas se han usado para ensaladas o cocidas y mezcladas con huevo; y el rabanillo silvestre, con un fácil crecimiento en terrenos cultivados o sin cultivar. Plinio menciona los rábanos como un alimento afrodisíaco que se consume con pimienta (Plinio, 20.13). Aunque no tenemos más datos del consumo humano del rabanillo, sabemos que las hojas y los tallos son comestibles. Las semillas contienen un 20% de aceite y sinigrina, cuyo derivado por hidrólisis enzimática, el *alil-isotiocianato,* aporta un aroma a mostaza, pudiendo ser un buen sustituto de esta, (Montes Moya, 2014). También se han encontrado restos de rabanillo silvestre en el *oppidum* de Puig de Sant Andreu (Ullastret, Girona) y en la Illa d'en Reixac (Buxó, 1997).

El lentisco (*figura 10*), es un arbusto que hoy en día apenas utilizamos, pero existen algunas referencias de su utilización medicinal, ya que es muy conocido por sus propiedades astringentes. De hecho, Dioscórides en su libro V, capítulo 31, nos da la fórmula para preparar el vino de lentisco (Montes Moya, 2014).

Figura 10: Lentisco con sus frutos. Fotografía: Lidia Cabello

Otros alimentos que hemos incluido dentro de este apartado son el palmito, el almez, el gamón[1] *(figura 11)*, el ajo, las setas, los espárragos, la lavanda, el espliego, el amor del hortelano (algunas especies de este género han sido utilizadas para cuajar la leche), el cardo, los hinojos, el romero, el tomillo *(figura 12)*, el comino, el orégano o la salvia y también la col, cuyas semillas se han encontrado en un silo en dos yacimientos del norte de la península ibérica: Font de la Canya (Avinyonet del Penedès, Barcelona) y Sant Esteve d'Olius (Olius, Lleida) (AA.VV. 2005-2007).

---

[1]   También llamado Vara de San José. Su raíz tiene una gran cantidad de almidón y se podía utilizar en la antigüedad para fabricar pan, aunque ya no se utiliza por la presencia de «asfodelina» (Rodríguez González, 2016).

Figura 11: Gamón o Varita de San José. Fotografía: Cristóbal Leal Valle

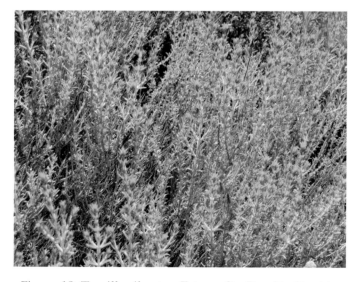

Figura 12: Tomillo silvestre. Fotografía: Damián Partido

FRUTOS

Las frutas son ricas fundamentalmente en vitamina C y algunas contienen también carotenos (vitamina A). Las más ricas en vitamina C son las fresas, los fresones y las naranjas. Le siguen el limón, la mandarina y el melón, y luego albaricoques, melocotones, cerezas, plátanos y sandías, siendo las más pobres en su nutriente vitamínico las manzanas, peras, uvas, higos y ciruelas. Si nos referimos a su riqueza en carotenos, ocupan el primer lugar el albaricoque, el melón y el melocotón, seguidos de las ciruelas y cerezas y luego la sandía, la naranja, la mandarina y el fresón.

Las frutas cocidas, en compota, etc., pierden su vitamina C y por tanto su utilidad en la alimentación; igualmente los zumos deben consumirse inmediatamente después de su preparación para evitar las pérdidas.

En el caso de los frutos, al ser un producto perecedero lo normal era un consumo rápido cuando estaban frescos, pero existen algunos frutos que podían ser secados y consumidos posteriormente, incluso algunos de ellos después de hervidos con agua y miel podían conservarse en recipientes. Con una presencia de azúcares, ácidos, carbohidratos y vitaminas constituyen un complemento ideal para los cereales y las legumbres.

Dentro del consumo de frutas destacan los higos, documentados como posible ofrenda en la Bastida de Les Alcusses, Valencia (Vives Ferrándiz, 2015), las almendras, los piñones y las uvas. En el caso de estas últimas, serían consumidas frescas o secas y tienen un alto porcentaje de azúcar y antioxidantes. Con su jugo se elabora el mosto y con la fermentación de este se produce vino y vinagre, además las hojas tiernas son comestibles (Montes Moya, 2014). Junto a estos frutos nos encontramos con la presencia de otras especies como las cerezas, las granadas, las ciruelas, las manzanas, las peras, las zarzamoras, el sauquillo, las avellanas y frutos del bosque dependiendo de la zona (*figura 13*). El nogal, que se habían atribuido su existencia los romanos, se ha documentado en Puente Tablas (Rodríguez Ariza, 2019) entre los siglos VI-III a. C.

La bellota contiene en torno a un 50% de fécula, azúcares, grasa y tanino. Se consumirían en forma de tortas, pan, sopa o puré. Cuando son destinadas al consumo humano, normalmente son tostadas para mejorar su sabor y su conservación y de ese modo eliminar las toxinas del tanino (Montes Moya, 2014). Aunque se han planteado muchas dudas acerca del consumo humano de las bellotas, lo cierto es que los restos arqueológicos demuestran que fueron aprovechadas como alimento por parte de los iberos, y así lo describe Plinio, el Viejo (Pereira Sieso y García Gómez, 2002):

> Es cosa cierta que aún hoy día la bellota constituye una riqueza para muchos pueblos hasta en tiempos de paz. Habiendo escasez de cereales se secan las bellotas, se las monda, se amasa la harina en forma de pan. Actualmente incluso en las Hispanias la bellota figura entre los postres. Tostada entre cenizas es más dulce.

Figura 13: Composición con ejemplos de especies frutales introducidas en la Edad del Hierro. 1. *Vitisvinifera*(vid), 2. *Ficus carica*(higo), 3. *Prunusdulcis*(almendro) 4. *Punicagranatum*(granado) 5. *Olea europaea*(olivo) 6. *Malus domestica* (manzano). Autor: G. Pérez-Jordà. (Chocarro y Pérez-Jordá, 2018).

Otras referencias a este alimento la encontramos en Estrabón, en su libro de *Geografía* (Estrabón, Libro III-IV), cuando habla de los montañeses del norte.

> Los montañeses, durante dos tercios del año, se alimentan de bellotas de encina, dejándolas secar, triturándolas y luego moliéndolas y fabricando con ellas un pan que se conserva un tiempo.

También hace alusión a este producto, pero en esta ocasión a diferencia de lo relatado anteriormente, habla de la bellota como un alimento que consumen los atunes, lo que les hace estar muy gordos. Algunos autores consideran que esto se debe a un error de Estrabón y que se refería a otra especie.

> Es por tanto un cerdo marino este animal, porque disfruta con la bellota y engorda especialmente con ella, y si hay abundancia de bellotas hay también abundancia de atunes-

La acebuchina *(figura 14)*, es el fruto del olivo silvestre o acebuche y se diferencia de la aceituna por su forma y por su sabor, más fuerte. La acebuchina está documentada desde el Paleolítico superior y se mantiene hasta nuestros días.

Figura 14: Acebuche con acebuchinas verdes. Fotografía: Lidia Cabello

OTROS

La miel es un producto consumido desde la Prehistoria, pero será con la cultura ibérica cuando se produzca por primera vez y surja la apicultura. Utilizan colmenas de corcho, barro o tubulares de cerámica *(figura 15)*, estas últimas con unas acanaladuras interiores para favorecer la adhesión de los paneles. Las encontradas en los yacimientos ibéricos del territorio de *Kelin*, en la comunidad valenciana (Fuentes *et al.*, 2004), son un ejemplo de este tipo de colmenas.

Figura 15. Colmenas de cerámica (Quixal Santos y Jardón Giner, 2016)

Las distintas especies de flora, similares a las actuales, como el lentisco, la jara, el espliego, la esparraguera, el cardillo, el diente de león o el jaguarzo, entre otras, presentan un gran potencial para la obtención de la miel. Una miel que no solamente constituía un aporte nutritivo y energético, sino que además permitía conservar los alimentos. Es más, se han hallado restos en algunos recipientes denominados *kalathos*[2], en Boverot (Almazora, Valencia), mezcla-

---

2   Cerámica característica del ibérico pleno y tardío con forma de sombrero de copa.

dos con higos, y de restos de miel en algunos vasos de La Encarnación (Caravaca) (Aranegui Gascó, 2012). Otro ejemplo del consumo de miel lo hallamos en el yacimiento ibérico de Puente Tablas, en Jaén, donde el análisis arqueométrico de varios recipientes ha demostrado la presencia de cera de abeja, certificando con ello la explotación de la cera de abejas y, por tanto, de la miel (Sánchez Vizcaíno *et al.*, 2007).

Junto a la melada, otro de los productos que más debieron de consumirse en los poblados ibéricos, sobre todo con la introducción de las gallinas por los fenicios, fueron los huevos. A nivel proteínico un huevo, por término medio, pesa 50 g, de donde se obtiene 6 g de proteínas; luego tres huevos equivalen a 100 g de carne o pescado limpios. Además, es rico en vitamina A, B2 y hierro, y contiene bastante calcio, por lo tanto, podemos considerarlo un buen alimento. La yema contiene grasa, en especial colesterina; por eso es un error dar yemas aisladas, aunque alimentan más, es preferible dar clara que contiene un 10% de una proteína sumamente buena. El huevo crudo se digiere mal, ya que solo se utiliza el 50%. En cambio, al coagularse por el cocinado se digiere mejor y se llega a utilizar el 92%. Tomar huevos crudos es un frecuente error nutricional. Suponemos que de forma esporádica se consumirían huevos de aves salvajes, pues aún hoy en día se consumen algunos como los de codorniz.

La leche y sus derivados como la mantequilla, esta última obtenida a partir del batido de la nata de la leche previamente hervida, o el queso, cuya producción se ha documentado por la localización de recipientes que sirven para separar el suero de la leche (Salas Salvadó *et al.*, 2005) y por el hallazgo en El Cabeçó de Mariola (Alicante) de la planta denominada *galium,* que se empleada para cuajar la leche, cuando se fabricaba queso artesanalmente como sustituto del cuajo animal (Grau Mira, 2018). Destaca cómo en las etapas anteriores se generalizó el uso de queseras de cerámica para la elaboración de los quesos, sin embargo, a partir de la Edad de Hierro su uso disminuye de forma considerable.

Igual este cambio está relacionado con nuevas formas de elaboración con el uso de otros elementos, como las pleitas.

El aceite, con una gran cantidad de propiedades y cualidades nutricionales, se debió utilizar principalmente para el consumo humano, al igual que ocurre hoy en día, pero también es cierto que el aceite se puede emplear como combustible para la iluminación. No queda tan lejos aquella imagen de casa de nuestros abuelos cuando la única luz que tenían eran las de unos candiles de metal prendidos con algodón impregnado en aceite.

El primer aceite utilizado fue el de acebuche y el de olivo después. Aunque el debate sigue abierto sobre la llegada a la península del olivo y de los primeros cultivos. Según los estudios genéticos de olivos centenarios enraizados en la península ibérica se distribuyen de acuerdo con el patrón de influencia griega y fenicia. Hasta Murcia, el ADN mitocondrial es griego; y de Almería a Huelva es fenicio. Así pues, en virtud de este estudio, la oleicultura del sur peninsular tiene su origen a partir de las relaciones fenicias (Diez *et al.*, 2015).

Más allá de este debate, lo cierto es que el acebuche ya se documenta en la península ibérica al menos desde el Paleolítico superior. Aunque desconocemos con exactitud si el aceite de acebuchina era consumido durante la Edad del Hierro, se cree que al igual que el aceite de lino pudo emplearse en la luminaria y como ungüento. Tampoco podemos descartar un uso farmacológico, en banquetes de tipo ceremonial o con comensales de alto rango social.

El aceite de oliva debió suponer un cambio importante pues quizás sirvió para aderezar algún tipo de alimento especifico como las hierbas que se consumían crudas; también se podrían emplear este tipo de grasas para la elaboración de bebidas isotónicas para las épocas estivales, que sería el equivalente al «posca» romano o algo parecido a lo que se conoce en muchos lugares de Andalucía y Extremadura como «aguaíllo».

El vino, es un producto que aún hoy suscita ciertas dudas sobre su origen y si los iberos ya lo producían antes de la llegada de los fenicios. Lo cierto es que sabemos que adquirían vinos de oriente, pero concurren evidencias arqueológicas de la existencia de lagares, que demuestran que ellos también elaboraban su propio vino. Con la llegada de los fenicios se extendió una amplia red comercial que favoreció la entrada de productos de lujo, como el vino, que empezó a ser apreciado por las altas aristocracias iberas, convirtiéndose en un símbolo de prestigio.

Las últimas excavaciones en el yacimiento de Puente Tablas, Jaén, han documentado la existencia de una zona subterránea con un conjunto de pepitas de uva que se ha relacionado con la elaboración de vino. (Montes Moya, 2019). También hay evidencias en otros yacimientos fechados en el siglo VII a. C, como el del Alto de Benimaquía, (Alicante) (Guerra Docé, 2009) o en el Castillo de Doña Blanca (Cádiz) (Quesada Sanz, 2009). Pero el gran prestigio del vino en época romana también hay que relacionarlo con la propaganda y las modas de productos más elaborados y que estaban vinculados a un cierto prestigio y considerado un elemento de civilización en contraposición a otras bebidas, como la cerveza o el hidromiel, vistas como una bebida de bárbaros.

La cerveza. Aunque era una bebida consumida desde la Prehistoria, se sabe realmente muy poco o casi nada de cómo era el proceso de elaboración de esta. Era denominada por fuentes escritas contemporáneas como *cerea* o *caleia* (Abad Casal y Sala Sellés, 2009; Salas Salvadó *et al.*, 2005) y se han conservado algunos residuos en ánforas que confirman el consumo de cerveza en el mundo ibérico (Aranegui Gascó, 2012). La fermentación de los cereales, para la obtención de cerveza, favorece una mejor digestión de los estos, pues se produce una reducción de los almidones a azúcares más solubles. Aunque existen distintos tipos de levaduras la responsable de esta fermentación para la obtención de cerveza y de pan es la *Saccharomyces cerevisia* (Juan I Tresserras, 2000). Junto al vino debió ser una de las bebidas más consumidas en el mundo ibero.

Por un lado, nos encontramos con la *cerea*. Según Paulo Orosio en su obra sobre la antigüedad *Historiæ adversus paganos*, habla de la *cerea* como una bebida a partir de cereales fermentados y que era consumida por los pueblos celtíberos del interior y las tribus del norte de España (Valiño, 2007).

En cambio, la *caelia*, a diferencia de la *cerea*, utilizaba el trigo para su elaboración. De hecho, Plinio cuando hace referencia a ella, la considera una especie de cerveza obtenida de cereales y que se elabora en Hispania igual que la *cerea* (Plinio, Natural XXII: 82. 164).

Por último, la sal que constituye un alimento básico para la vida y es imprescindible para el ser humano al igual que para los animales. Es un producto muy importante para la conservación de los alimentos, incluso en el tratamiento de enfermedades infecciosas (Recio Ruiz, 2002). Se obtenían de forma natural de los ambientes lacustres o salinos y llegó a ser un producto de primer orden en el intercambio. Además, según Plinio la sal de Hispania no solamente era buena por su calidad, sino que también era apreciada por sus usos medicinales, sobre todo para las contusiones oculares (Bejarano Sánchez, 1987).

PREPARACIÓN DE LOS ALIMENTOS

El cocinado modifica la estructura de ciertas moléculas de los alimentos, de ese modo se transforman en comida más tierna y fácil de digerir. Este proceso disolutivo se denomina «hidrólisis».

Existen dos tipos de cocinado: el prolongado que provoca que se rompan las cadenas de proteínas formando pequeños grupos de estas, llamadas péptidos que su vez se disuelven dejando las proteínas las cuales se vuelven a disolver en grupos de aminoácidos. Además, transforma los glúcidos en azúcares simples y el almidón en dextrinas. Y el cocinado de corta duración que preserva mejor el buen estado vitamínico de los alimentos (por ejemplo, la vitamina C en las hortalizas), gracias a la destrucción de ciertas encimas responsables de la oxidación.

Esto se traduce en algo que por lo menos todos sospechábamos. Una cocción prolongada va destruyendo la estructura de los alimentos y sus propiedades vitamínicas. Pero esto nos viene de perlas a la hora de cocinar alimentos de por sí, duros o fibrosos como: carnes gelatinosas (ricas en colágeno) o tubérculos fibrosos.

Asimismo, el cocinado aporta garantía sanitaria a los alimentos de los siguientes modos:

— Destruyendo algunos microorganismos indeseables, siempre en función de la temperatura y el tiempo de cocinado.
— Destruyendo algunos compuestos más o menos nocivos, contenidos en estado natural de algunos alimentos.

Pero qué duda cabe que antes de iniciar la cocción es necesario preparar los alimentos ya sean vegetales o cárnicos. Así en el mundo ibérico, al igual que ocurre en la actualidad, debían preparar los alimentos antes de cocinarlos, para ello utilizaban cuchillos de hierro, destinados a cortar vegetales, sacrificar y despedazar a los animales. También eran utilizados unos ganchos igualmente de hierro, cuya función era colgar los alimentos para el secado y el ahumado (Buxó *et al.*, 2010).

En las casas iberas la cocción de los alimentos se realizaba en el hogar. El hogar no se refiere tal y como entendemos hoy a nuestra casa en general, sino que se hace mención del lugar donde estaba el fuego, donde se preparaban los alimentos y se reunía la familia. Los hogares en época ibérica eran asociados a espacios de cocina y en ellos era frecuente la existencia de molinos de mano para moler el cereal y las legumbres. A pesar de que existen una variedad en los tipos de hogares, la mayoría de ellos se construían cerrados, que les permitía así aprovechar más el calor y por regla general se encontraban directamente sobre el suelo. Estaban delimitados en algunas ocasiones por una estructura simple, y de poca altura, a base de piedras, guijarros o adobes.

Los hogares, además de cumplir su principal función como era la de cocinar, también servían para calentar e iluminar las estancias de la casa íbera. Era el espacio donde se cocinaba y donde se reunía la familia o recibían a los vecinos. Dentro de estos espacios era frecuente reservar un lugar destinado al almacenamiento de los productos que iban a consumirse de forma inmediata.

Fuera de estos hogares existían hornos domésticos de gran tamaño y construidos con piedra y barro y al igual que los hogares presentaban una variada tipología. El hecho de existir hornos de gran tamaño fuera de la casa íbera hace pensar en una utilización colectiva para la producción de toda la comunidad. Aunque la información que tenemos en la actualidad sobre los hornos en los poblados ibéricos no es muy extensa, existen algunos estudios que arrojan un poco de luz. Es el caso de los hornos de pan hallados en el yacimiento El Oral (Alicante) (García Huerta *et al.*, 2006), junto a los que aparecieron platos y vasos abiertos que los investigadores asociaron a la preparación de la masa de harinas o para contenerla. El hecho de que exista poca información se debe tal vez, a la dificultad que conllevó, en un primer momento la elaboración de los panes sin levadura ya que por el momento todo parece indicar que sobre todo comían tortas (*figura 16)* y que quizás de forma casual descubrieron la fermentación para la elaboración del pan (*figura 17).*

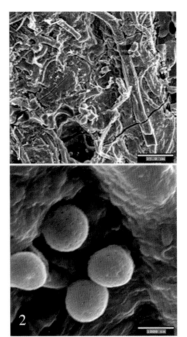

Figura 16. Exvoto femenino del Santuario de Collado de los Jardines (Santa Elena, Jaén) con una ofrenda, posiblemente de tortas o pan sin fermentar. Fotografía: Carmen Rueda (UJA) Archivo Nicolini

Figura 17: Pan carbonizado en la sepultura VII de Casa del Monte (Valdeganga, Albacete): 1, Levaduras; 2, Granos de almidón (Mata Parreño *et al*, 2010)

Principalmente las formas de cocinar eran de tres tipos: hervido, asado y frito y esto lo sabemos porque en las cocinas de los poblados ibéricos se han encontrado utensilios que sirven para cada una de estas formas de elaborar los productos.

Por las partes anatómicas de los animales consumidas y los recipientes asociados a ellas se desprende que en la mayoría de las ocasiones eran hervidos o cocidos en grandes ollas, calderos y en cazuelas de pastas gruesas y porosas, con fondos planos *(figura 18)*. En ellas también se preparaban los cereales, las legumbres o el pescado. Estos recipientes, muy resistentes al fuego, eran colgados sobre el hogar con los llares[3] (Buxó *et al.*, 2010) o sobre braseros u hornillos portátiles. Junto a estas ollas y calderos, en ocasiones se han encontrado unos recipientes de cerámica con unas asas y unas aberturas laterales similares a los anafes u hornillos portátiles, que servían para cocinar a modo de braserillo, encima del cual se colocaba el recipiente donde se preparaba el alimento o incluso se han documentado unos trípodes similares a las trébedes.

Figura 18: Cerámica de cocina. Fotografía: Pedro Cantalejo

A todo este conjunto de cerámicas destinadas a la transformación y preparación de los alimentos se les denomina *cerámica de cocina* y cada una tenía una función diferente. Así las ollas servirían para hervir los alimentos, las vasijas planas con tapadera podían usarse para preparar guisos o estofados y finalmente las cazuelas servirían para cocer o freír los alimentos (Oliver Foix, 2000). De igual modo, los tipos de recipientes utilizados para preparar los alimentos nos indican los modos de cocción. Así, por ejemplo, los fondos de las

---

3   Cadena donde se cuelga la olla para cocinar

ollas planos indican una cocción lenta y prolongada de alimentos líquidos o semilíquidos (Delgado Hervás, 2011).

Para el asado de la carne o pescado, tras el despiece o la limpieza los alimentos se colocarían directamente sobre el fuego, quizás en parrillas o asadores utilizando algunos instrumentos para su preparación como pueden ser los morillos, útiles de cerámica o de metal que sirven de soporte a los asadores. Un ejemplo lo encontramos en el yacimiento de La Bastida de les Alcusses (Moixent, Valencia) donde se documentaron tres, aunque son instrumentos poco frecuentes (Iborra Erés *et al.*, 2010).

Una vez preparados los alimentos eran servidos en platos con bordes vueltos hacia afuera y que presentan una gran variedad. En los hondos se servían sopas y estofados, y los llanos eran utilizados para los pescados. También utilizaban cuencos, escudillas (similares a los cuencos, pero más pequeños), tazas, vasos, copas o jarritas.

Con el paso del tiempo la vajilla ibérica irá adoptando nuevas formas por la introducción del torno y la llegada de nuevos productos a la península ibérica, aparecen las ollas a torno con sus tapaderas, cazuelas o morteros. En cuanto a la vajilla de mesa, dentro de la destinada a la presentación de los alimentos, comienzan a surgir de forma progresiva distintos tipos de cerámicas decoradas, como las áticas (figuras rojas sobre fondo negro), la de barnices negros de pequeñas estampillas o de Rosas (Buxó *et al.*, 2010), y algunos utensilios de prestigio como los ralladores de metal ya que la mayoría han sido localizados en las necrópolis lo que ha sido interpretado por algunos autores como elementos vinculados a los banquetes iberos y a la preparación del vino, tal y como se narra en canto XI de la *Ilíada* (Oliver Foix, 2017).

> CANTO XI. Principalía de Agamenón
> 618. [...]En ella la mujer, que parecía una diosa, les preparó la bebida: echó vino de Pramnio, raspó queso de cabra con un rallador de bronce, espolvoreó la mezcla con blanca harina y los invitó a beber así que tuvo compuesto el potaje [...].

Y llegados este momento igual os preguntáis que donde están los cubiertos, pues sencillamente han desaparecido. La mayoría de ellos, salvo algunos cazos de metal, estarían fabricados de madera, de hecho, los únicos ejemplos que se conservan son de la Prehistoria y se han conservado gracias a que estaban en el interior de las cuevas cuyas condiciones habitacionales permitían su conservación.

ALGUNOS ASPECTOS SOBRE LA COMENSALIDAD

Cuando hacemos alusión a este término nos estamos refiriendo a un banquete de carácter público donde se disfruta de la comida y la bebida en grupo con un fin concreto, por algún acontecimiento o suceso importante. Este tipo de celebraciones también se asociaban a rituales funerarios en honor a personalidades de alto estatus. Pero si en la Prehistoria se realizaban banquetes con motivo de los nuevos ciclos que acompañaban a cada estación o incluso en los enterramientos. ¿Qué cambia en el mundo ibérico respecto a las etapas anteriores? Cambia la concepción del banquete, las ideas propiciatorias se modifican y el banquete se convierte en un instrumento para establecer relaciones sociales o comerciales que consolida la posición social del anfitrión y acentúa las relaciones de clientelismo.

En la mesa ibera se introducen tanto alimentos como vajillas procedentes de intercambios comerciales diferentes al menaje de uso cotidiano. Productos de importación asociados a modas y costumbres que van cambiando con el tiempo, con un eje común centrado en la comida y en la bebida y con una clara intencionalidad de mostrar el prestigio y la hospitalidad de una aristocracia que va asumiendo costumbres orientalizantes.

Los alimentos consumidos en los banquetes están relacionados también con aquellos productos que están al alcance de muy pocos, como el vino, lo que convierte a estas celebraciones en una muestra de las desigualdades sociales y del control de las élites sobre determinados productos proceden-tes de las relaciones comerciales. Aunque los lugares de cele-bración de estos convites estaban asociados a edificios y luga-res donde se ubicaban las necrópolis, existen también otros espacios externos a los *oppidum* en los que se tiene constan-cia de la celebración de un banquete, como el caso de la modificación de la puerta oeste del *oppidum* de la Bastida de Les Alcusses. En este caso, el agasajo quedó constatado por las marcas en los huesos de animales que se habían consu-mido. Junto a estos restos se documentaron semillas y fru-tos que se asocian con la alimentación y las ofrendas (Vives Ferrádiz, 2015).

El propio Estrabón nos da algunas pistas sobre la realiza-ción de estos festines y nos habla de que «comen sentados en bancos construidos contra el muro y que se sientan en orden según la edad y el rango de cada comensal». También nos relata que «los manjares se pasan en círculo y a la hora de la bebida danzan en corro al son de flauta y trompeta, pero también dando saltos y agachándose, y en Bastetania danzan también las mujeres junto con los hombres cogiéndose de las manos» (Estrabón, *Geografía Libro III-IV*).

CONSERVACIÓN Y SISTEMAS DE ALMACENAJE DE LOS ALIMENTOS

Desde el principio de los tiempos los hombres han inten-tado prolongar la vida útil de los alimentos, ya que en algu-nas épocas había excedentes y no podían utilizarse en los días posteriores que era cuando hacían falta realmente. Por tanto, la conservación se refiere a prolongar la vida útil de los alimentos en perfectas condiciones tanto higiénicas como organolépticas.

Los alimentos se deterioran desde el mismo momento en que se sacrifican o recolectan, aconteciendo una serie de cambios que afectan a varios factores, especialmente los que son llevados a cabo por bacterias, mohos, levaduras y otros microorganismos que, siendo patógenos o no, participan en el transformación, maduración y deterioro de los diferentes productos. Con el paso de los años hemos visto que ciertos microorganismos no repercuten de forma negativa en el organismo, sino todo lo contrario; entre ellos se encuentran los mohos y levaduras que participan en la elaboración del queso y del pan, o los que forman parte integrante del yogur, el kéfir o maduración de las carnes.

Una regla de oro que nos será de ayuda para combatir y comprender estos microorganismos es que «son seres vivos, y como tales, necesitan unas condiciones ideales para desarrollar la vida». Esto significa que en muchas ocasiones les afectan los cambios del medio, de la misma manera que nos afectarían a nosotros o a cualquier otro ser vivo. El empleo de sustancias añadidas, o antisépticos para prolongar la vida útil, es una acción que viene utilizándose desde tiempos inmemoriales, y entre las más utilizadas en cocina destacaremos el aceite, el vinagre, el alcohol, etc.; dentro de la industria alimenticia se utilizan otros componentes de origen químico que no siempre aportan ventajas al sabor del alimento; en cambio, otros ayudan a realzar y mejorar el sabor natural de los productos. Sobre este tema solamente nos referiremos a los de origen natural y de empleo habitual en cocina. Al final del capítulo daremos unas recetas básicas para aplicar cada método de conservación.

Así pues, en los poblados o casas iberas todos los productos obtenidos de la siembra y la recolección debían de conservarse para un consumo posterior o para su intercambio. En el mundo ibérico se pueden distinguir tres tipos de sistemas de almacenaje (Pérez Jordá, 2000):

—Atmósfera confinada. Evitando el contacto del producto con el exterior. Se realiza en el interior de los silos o con el cierre hermético de recipientes.
—Atmósfera renovada. El alimento se mantiene en buen

estado gracias a unas condiciones de ventilación propicias, como por ejemplo en almacenes.

— Sin control atmosférico. Almacenaje de los alimentos en recipientes cerámicos, cestos, pieles.

Del mismo modo que existen diferentes tipos de sistemas de almacenaje también aparecen diferencias según la ubicación y las características físicas de los distintos yacimientos. Tenemos por ejemplo en los yacimientos ibéricos de la costa como La Moleta del Remei (Alcanar, Tarragona), la Torre de Foios (Llucena del Cid, Castelló) o El Amarejo (Bonete, Albacete), por citar algunos (Pérez Jordá, 2000), una preferencia por guardar los alimentos en almacenes elevados. Estos depósitos consisten en una estructura compuesta por muros paralelos y muy juntos, sobre la cual se establecería un entablillado que correspondería al suelo del almacén (Abad Casal y Sala Sellés, 2009).

Sin embargo, en la zona de Cataluña, como Puig de Sant Andreu, Ullastret, Bóbila Madurell (Buxó, 1997) o en el sur de Francia, existe un predominio de los silos excavados en el subsuelo (Abad Casal y Sala Sellés, 2009). La conservación en silos se documenta principalmente en el nordeste de la península ibérica. Los silos son agujeros de formas y dimensiones variables que están hechos directamente en la tierra con una capacidad que va desde los trescientos litros hasta sobrepasar los tres mil litros (Pérez Jordá, 2000) y donde los alimentos son guardados de forma hermética, permitiendo un uso posterior. Se ubicaban tanto en el interior de los poblados como en el exterior y cerca de los terrenos cultivados. Por regla general, los cereales que se conservan en silos suelen estar trillados y aventados, colocando paja tanto en el fondo como en los laterales antes de guardar el grano. En los silos también se podían conservar frutas, legumbres e incluso salazones.

Figura 19. Zona de almacenaje de alimentos. Poblado ibérico de Calafell (Tarragona). Fotografía: Marco Antonio Bernal

Los recipientes que se utilizaban para almacenar los productos sólidos y líquidos, como el aceite, el vino, la miel o la leche eran sobre todo ánforas, tinajas y *lebetes*[4] o en capazos de esparto. Los recipientes cerámicos eran colocados directamente sobre la pared en los espacios destinados a almacenar alimentos *(figura 19)*. Un ejemplo lo encontramos en el yacimiento ibérico de Cancho Roano (Zalamea de la Serena, Badajoz) donde se localizaron entre setenta y cinco y cien ánforas, algunas de las cuales contenían restos de trigo, cebada, almendras, piñones y, posiblemente, vino (Almagro-Gorbea, 1991). Estos cereales eran guardados limpios o casi limpios, ya preparados para su consumo. Entendemos que debió de ocurrir lo mismo con otros productos como la carne o los vegetales.

TÉCNICAS DE CONSERVACIÓN

Nos referimos en este apartado a los métodos ancestrales de conservación. Es difícil visualizar hoy día un sistema de vida sin frigoríficos e interiorizar que hasta hace relativamente poco tiempo la gente podría morir de hambre en iberia, por

---

4   Es un tipo de caldero griego

causas de sequía, malas cosechas etc., por lo que era fundamental dominar estas técnicas para asegurar el suministro de alimentos, así como los excedentes, con el fin de poder mercadear con ellos. La conservación de los alimentos está en virtud de varias técnicas que no requieren de un gran esfuerzo, pero que favorecen una mayor durabilidad y la posibilidad de consumir una mayor variedad de alimentos en aquellas zonas donde escaseaban.

—Salado y secado.
—Ahumado.
—Grasas.
—Deshidratados.
—Medio ácido

SALADO Y SECADO

Salazón

Sin ninguna duda, la salazón es la técnica de conservación más antigua que se conoce. Se fundamenta en el poder higroscópico del agua y su acción de ósmosis. Mediante este proceso se extraerá parte del agua del alimento, impidiendo así el desarrollo de bacterias. Este tratamiento del producto suele ir acompañado de un proceso de secado, ahumado o conservación en grasa. Ya desde antiguo es conocida la calidad y los sistemas de extracción de los pueblos prerromanos, como así lo atestiguan varios escritos de la época, y la explotación de las salinas; también el empleo del agua salada de algunos pozos como purgante o empleada por sus propiedades curativas (*Muria*). Dentro del proceso de salazón podemos encontrar:

1. Salado en seco: Se consigue mediante el enterrado en sal del alimento, se suele añadir hierbas y especias.
2. Salado líquido: Se realiza sumergiendo el género en una disolución de agua y sal con una concentración de sal que

puede variar de entre un 25% y un 50% y se le puede añadir algunas hiervas.

3. Secado: El secado de los alimentos tiene su lógica en el mismo principio que la desecación, con la diferencia que estos que se secan u orean suelen ir precedidos de un salado previo, o sucedido de un ahumado o similar. Con este método conseguimos que tras el salado el alimento pierda el agua sobrante y desarrolle de manera controlada su punto de maduración, mediante los mohos y bacterias que impregnan el aire y se asiente como producto.

AHUMADO

Se basa en el poder antiséptico del humo y la deshidratación que sufre el alimento tras la exposición a las altas temperaturas. Este sistema se remonta a tiempos inmemorables y suele ir precedido de un proceso de salado leve. Además de conservar los productos conseguiremos transferirle un delicado sabor a humo. Teniendo en cuenta esta condición y por lógica se deduce que debemos usar para el ahumado maderas nobles como la encina, roble o castaño, y no podremos utilizar madera de pino, de enebro o similares, ya que transferirían un acusado y desagradable sabor a resina, además de algunas sustancias tóxicas. Los productos más adecuados para ahumar son carnes y pescados ricos en grasa ya que la acción del humo sobre la misma prolonga su vida y dificulta el enranciamiento. Tradicionalmente el ahumado se hacía exponiendo el producto a la acción del humo en sitio abierto o cerrado, además, lo mejor es dejar reposar dos o tres días después del ahumado para que se asienten los sabores y el producto. Dentro del ahumado encontramos dos fórmulas:

1. *En frío:* Consiste en exponer el alimento previamente salado a la acción del humo a una temperatura de 10°-60° C durante un largo tiempo (hasta 72 h.). Se emplea para productos cárnicos principalmente.

2. En caliente: Igual al anterior, pero cambiando la curva tiempo-temperatura, es decir ahumaremos de 60° - 100° C durante un periodo corto (veinte horas a lo sumo). Este método se utilizará para pescados, ya que mediante esta semicocción alargaremos su vida útil.

GRASAS

Las grasas contienen un alto poder conservante y antioxidante, aunque si conservamos alimentos en crudo el resultado será una conservación de pocos días, ya que fermentarían por el agua que exudan los alimentos; en cambio, si el alimento que sumergimos esta previamente adobado o curado y posteriormente lo confitamos (cocción prologada a baja temperatura) en la misma grasa de conservación, puede aguantar en perfectas condiciones hasta seis meses sin frío. El confitado en grasa se utiliza para setas, lomos y solomillos, papadas, costillas, etc. Para la carne es preferible utilizar la manteca de cerdo; las principales grasas empleadas en la época ibera serían de cerdo o vaca, y en menor medida la de ovicápridos ya que no contiene tanta cantidad. Y en último lugar las diferentes mantequillas, ya que su conservación es mucho menor que las anteriores. Aunque aceite de oliva es el producto más utilizado en la actualidad para estos procesos, en esta época, aunque empleaban la acebuchina, lo descartamos por falta de restos para ello.

DESHIDRATADOS

La conservación de los productos mediante este proceso consiste en retirar el agua de los géneros y así hacer imposible el desarrollo bacteriológico. Cuando conservemos alimentos desecados tendremos la precaución de guardarlos en lugar seco y en envase herméticamente cerrado ya que estos alimentos son muy propensos a retener la humedad del ambiente, lo que conlleva su enmohecimiento y enranciamiento paulatino.

Mediante este método conseguimos quitar la humedad de los alimentos total o parcialmente y por consecuencia evitaremos el desarrollo de elementos patógenos. Uno de los problemas que presenta es la alta desnaturalización que sufren los productos influyendo en su sabor, textura (ya que, aunque se rehidraten en agua no volverán a tener su sabor ni textura original) y en sus cualidades nutricionales. Como ventaja diremos que poseen una larga conservación sin humedad y ocupan un reducido espacio de almacenamiento; esta humedad la podemos retirar mediante varios métodos:

1. Naturales: Expondremos los alimentos al calor ambiente en un lugar aireado y preferiblemente colgado para facilitar el secado y evitar que se pudra.
2. Artificiales: Igual al anterior pero las fuentes de calor son de origen no natural, entre las que se incluyen la desecación en horno a baja o media temperatura.

ÁCIDOS

Mediante este método conseguimos crear un ambiente impropio para el desarrollo de bacterias, y aunque no se eliminan completamente retrasaremos su desarrollo y por tanto alargaremos la vida del producto conservado, transfiriéndole un sabor especial y disolviendo algunas fibras internas, con lo que facilitaremos su ablandamiento.

1. Marinadas.
Dentro de este grupo distinguimos las líquidas, las secas y las instantáneas.

—Líquidas: Están compuestas por vino, grasa y elementos aromáticos al gusto, siendo su principal función ablandar, conservar y aromatizar carnes duras como las de caza y animales viejos.
—Sólidas: En realidad son una mezcla de sal, respectivamente), y hierbas aromáticas; se utiliza para conservar

pescado generalmente y transferirles un sabor y textura que recuerda al ahumado
— Instantáneas: Se realizan sazonando al momento con algún ácido y especias, finos filetes de pescado o carne que normalmente se servirán crudos.

2. Adobos

No existe una diferencia clara entre adobo y marinada, normalmente el elemento ácido que integra el adobo es el vinagre, aromatizando la mezcla con ajo, orégano, etc. El fin que se persigue con el adobo no es ablandar (pero se consigue de forma involuntaria), sino conservar y aromatizar. Se utiliza principalmente para pescados y carnes de cerdo o aves.

3. Escabeches

Se compone de un líquido compuesto por aceite, vinagre y verduras, cocinados o cocidos en conjunto y que una vez fríos servirán como baño y cobertura para carnes, pescados o verduras previamente cocinadas. Se deduce que los alimentos así conservados tendrán una duración mucho más larga que los que se marinan o adoban en crudo, además el género adquirirá un sabor y consistencia especial.

4. Encurtidos

Este método se basa en la alteración del pH por medio de la adición de sal, vinagre y agua, además de aromatizantes naturales. Es un método muy tradicional y se utiliza en todo el mundo para conservar pimientos, aceitunas, alcaparras, cebollitas, etc. Los alimentos así tratados adquieren un fuerte sabor a vinagre.

TÉCNICAS DE COCINADO

Se refiere este apartado a las diferentes cocciones que se utilizan para transformar los géneros crudos en cocinados, entendiendo por esto la aplicación del calor tanto seco como conducido por medios líquidos, grasos, gaseosos o una mezcla de alguno de los anteriores. Siempre ciñéndonos a los que se emplean en época ibera o su posible empleo por esto. Para una mejor compresión se estructurarán en:

CALOR SECO

Comprende los métodos que utilizan el calor directo para transformar y hacer más digestibles los diferentes géneros; para este sistema se utilizan hornos, ampliamente documentados en época ibérica, generalmente comunitarios y de bóveda, de barro y recubiertos de aislante (similar a un horno moruno), utilizando como combustible leña de encina o acebuche; también se encuentran aquí agrupados los géneros que se denominan a la parrilla, pudiendo entenderse las planchas y parrilla o espetón, en época ibera de hierro; la principal ventaja que aporta el carbón es el agradable gusto a ahumado que transfiere a las piezas que cocinan. Como resultado de este método de cocción los alimentos deben quedar dorados y crujientes por fuera (reacción de Maillard), y jugosos por dentro.

ASAR

Ejecución
— Consiste en someter un género a la acción directa del calor, en horno generalmente, a una temperatura de 175°-220° C.
— Se suele emplear diferentes guarniciones que se pueden asar en conjunto con el género principal o añadirse posteriormente.
— Se suele adicionar de grasa, jugo, vino o agua para evitar el desecamiento de la pieza. Las piezas a asar se salan al principio de la cocción y en algunas ocasiones se «marcan» a la plancha antes de introducirlas en el horno para acelerar la cocción y conseguir un dorado más homogéneo.
— Esta técnica también se conoce como *rustir* o al *ast* (cuando va insertado en una espada o brocheta).

Aplicaciones
— Para carnes, generalmente piezas enteras, también para aves enteras o cuartos.
— Grandes pescados.
— Algunas verduras de fruto.
— Frutas como manzanas, peras o plátanos.

EMPARRILLAR

Ejecución
— Consiste en someter a la acción del calor un género por medio de plancha, parrilla o similar.
— Para la plancha hay que someter el producto al calor por ambas caras y dejarlas bien crujiente, sobre todo cuando se trata de piezas con piel (pescados y aves principalmente).
— En la parrilla el género se marca y posteriormente y en la misma cara se coloca en posición perpendicular, para conseguir un efecto de rejilla; en la otra cara se hace igual presentando la mejor terminada.
— Podemos encuadrar aquí también los alimentos cocinados tipo espeto.
— Esta técnica también recibe el nombre de a la plancha y se le puede aplicar al *ast*.

Aplicaciones
— Para carnes tiernas o piezas racionadas de segunda.
— Aves poco duras o partes más nobles de estas.
— Pescados en general.
— Verduras y algunas frutas empleadas como guarnición.

COCCIÓN EN MEDIO LÍQUIDO

Se refiere al proceso que sufren los alimentos tras sumergirse en un líquido y expuestos al calor. Para este tipo de cocciones debemos tener en cuenta dos puntos importantes, dependiendo del estado del líquido del que partimos:

— Líquido frío: El resultado que se obtiene se resume en líquido con mucho sabor y género bastante insípido, ya que el líquido entra lentamente en las células y durante bastante tiempo arrastrando por el efecto de igualación del medio la mayoría del sabor que poseen los alimentos. Este método es ideal para la elaboración de fondos, sopas, gelatinas naturales y estofados de carnes muy duras; también se emplea para blanquear algunos géneros procedentes de la casquería.

— Líquido caliente: Se obtiene el resultado inverso, ya que debido a una cocción rápida el género pierde menos sabor, pero el caldo resultante queda bastante insípido. Es adecuado para verduras, ya que mediante esta operación y su enfriado rápido.

BLANQUEAR

Ejecución

— Consiste en sumergir un género en agua hirviendo, más que para cocinarlo, para facilitar una ejecución posterior o proporcionar su conservación dentro del mismo caldo.

— Se suele emplear agua, adicionada de verduras (caldo corto) o caldo, leche, etc.

— El agua se sazona desde el principio, generalmente con la misma proporción que el agua del mar (35gr X 1000 l.)

Aplicaciones

— Para quitar el picor de verduras como cebollas y ajos.

— Facilitar el pelado, conservación y cuajado de algunas vísceras como sesos, mollejas o lengua.

— Cocción de verduras fácilmente oxidables.

COCER

Ejecución

— Cocinar un género o preparado en agua, caldo u otro líquido hirviendo con el fin de cocinarlo totalmente.

— Se ha de tener las mismas precauciones que para el resto de las técnicas de este grupo.
— Dependiendo de la elaboración podremos partir desde agua fría.

Aplicaciones
— Para verduras, tanto para su uso como guarnición o su posterior empleo para purés y cremas.
— Sopas de todo tipo adicionadas de carne, pescado o pasta.
— Huevos y algunas frutas para purés, jaleas o mermeladas.

ESCALDAR

Ejecución
— Sumergir un género en líquido hirviendo, generalmente agua salada y teniendo en cuenta su posterior enfriado, dependiendo de su subsiguiente uso y el tipo de género.
— Los productos realizados de esta forma conservan un punto crujiente o poco hecho.

Aplicaciones
— Principalmente para verduras, sobre todo verdes que se quieran conservar con su color y «al dente».
— Pieles de frutas y algunos mariscos.

VAPOR

Ejecución
— Este método se basa en el cocinado por el estado gaseoso del agua u otro líquido.
— Para ello se emplea olla vaporera, que comprende una rejilla donde se apoya el género a cocinar y debajo un poco de líquido u horno con un recipiente con agua para generar ese vapor.
— Este método es poco agresivo y mantiene casi intactas las cualidades nutricionales de los alimentos; además los hace muy digestivos.

—Si sustituimos el agua por licor, vino o zumo el alimento quedará impregnado de los aromas volátiles del mismo.

Aplicaciones
— Para verduras.
— Pescados y en menor medida carnes, sobre todo blancas.

COCCIÓN EN GRASA

Este método se sostiene en las altas temperaturas que soportan las grasas y su poder conservante y antioxidante. Aunque en el Mediterráneo la grasa más utilizada es el aceite de oliva, existen muchas otras, cada una con unas cualidades que las hacen únicas, tanto de sabor como de aguante de temperatura, y apropiadas para cada elaboración. En la época ibérica, ya dijimos que el mayor empleo sería la de cerdo y vaca, por la cantidad que proporcionan, seguidos de las mantequillas. De todas formas, hoy en día, no podemos afirmar ni negar el empleo del aceite de acebuchina en cocina. En nuestras recetas experimentales, lo utilizamos sobre todo para mezclas en crudo. Aunque los beneficios para la salud tienen en el aceite de oliva su mayor exponente no hay que caer en escepticismos a la hora de utilizar otras grasas, ya que es el abuso y no el uso lo que las hace perjudiciales para la salud. Dentro de la ficha que comprende los fritos podemos distinguir dos clases de fritura: fritos normalmente (o con poca grasa) o fritos a la gran fritura (o con abundante grasa). Antes de empezar con cada técnica expondremos un cuadro con las grasas más utilizadas en cocina adjuntando también la temperatura que soportan, antes de volverse tóxicas o cuando freímos alimentos con mucho almidón y generamos acrilamida, altamente perjudicial para la salud.

Punto Critico de las Grasas Iberas	
Aceite de Oliva/Acebuchina	210° C
Manteca de Cerdo	180° C
Manteca de Vaca	180° C
Mantequilla	110° C

A la hora de freír debemos de tener en cuenta el tipo de rebozado que vamos a utilizar. A continuación, definiremos los más importantes y sus aplicaciones:

—Enharinado: Pasar un género o preparado, previamente sazonado por harina, escurriéndolo bien con el propósito de crear una fina película alrededor, debiendo quedar crujiente, tras freírlos a la gran fritura. Se suele usar para pescados, tanto crudos como marinados y verduras, ya que es necesario algo de humedad para que se adhiera la harina.

—Empanados: Pasar el género, previamente sazonado, por harina, huevo batido y miga de pan fresco o pan rallado; de esta manera conseguiremos una costra más o menos resistente alrededor. Se deben freír a la gran fritura.

—Emborrizados: Consiste en pasarlos por harina y huevo batido, previamente sazonado el género y frito de inmediato; se fríen a la gran fritura, deben quedar muy dorados y crujientes. Se utilizan para proteger pescados grandes, tranchas o supremas y especialmente para los aros de calamar.

—En gabardina: Consiste en crear una película alrededor del alimento con la ayuda de una masa o pasta de freír, tipo «tempura». Estas masas se dejan fermentar para a continuación bañar el alimento, escurrirlo y freírlo a la gran fritura, debiendo quedar extremadamente crujiente por fuera y jugoso por dentro. Se emplea para verduras y pescado principalmente.

FREÍR

Ejecución
— Consistente en cocinar un género por inmersión en grasa
  a alta temperatura.
— Elegir el género y el medio de protección adecuado, calentar la grasa a la temperatura deseada y sumergir, dejar
  cocinar al gusto sacar y escurrir sobre papel absorbente.
— Debe resultar suelto, crujiente y dorado por fuera y cocinado, pero jugoso por dentro.

Aplicaciones
— Para todo tipo de alimentos, aunque las carnes son menos
  empleadas.

CONFITAR

Ejecución
— Se trata de cocinar un género a baja temperatura (normalmente a 70°C., aunque para los vegetales debe superar
  los 85°C, ya que sino no es posible degradar la celulosa),
  sumergido totalmente en grasa; el tiempo de cocinado
  puede variar de quince minutos para pescados a cuatro
  horas para carnes duras.
— Debe quedar un producto cocinado, extremadamente
  tierno y muy jugoso. Para su servicio se suele emplear otra
  técnica como a la plancha, frito, al horno, etc.

Aplicaciones
— Todo tipo de carnes y pescados, en especial las duras y
  con bastante fibra.
— También se usa como conservante pudiéndose mantener la carne confitada en buenas condiciones hasta seis
  meses.

SALTEAR

Ejecución
— Consiste en cocinar un alimento a alta temperatura con
  una pequeña cantidad de grasa.

— Este método suele ir acompañado de un escurrido posterior para retirar el exceso de grasas, debiendo calentar la sartén con la grasa y luego añadir el género deseado.
— Para una buena consecución debemos hacer saltar los alimentos contra el borde de la sartén (saltear), debiendo dar como resultado alimentos dorados, pero jugosos en el interior.

Aplicaciones
— Para verduras, normalmente escaldadas.
— Pequeños dados de carne o pescado, de una parte, más o menos tierna.

POCHAR

Ejecución
— Este método cocina los alimentos en una cantidad de grasa medianamente abundante y a temperatura media.
— Se suele emplear para ello utensilios de mayor altura que para saltear.
— Se puede mezclar el género con la grasa en frío y luego poner a fuego medio, generalmente sazonado (ya que facilita la salida del agua por efecto de ósmosis) hasta que quede tierno y cocinado sin coger color.

Aplicaciones
— Para verduras como la cebolla y los sofritos, pero principalmente para las patatas que se mantendrán escurridas para luego darle el golpe final en aceite muy caliente.

SISTEMA MIXTO

Se refiere en este apartado a las elaboraciones que combinan elementos líquidos y grasos o porque su naturaleza no se puede encuadrar en los métodos anteriormente expuestos.

ESTOFAR

Ejecución
— Esta técnica transforma a los alimentos tras una larga cocción en líquido y grasa.
— Los alimentos que se cuecen mediante esta técnica, al igual que los productos que sirven de aromatizantes, pueden ir previamente asados o marcados para transferir ese gusto al líquido. Pero siempre irán troceados.
— La mezcla de líquido y grasa suele cubrir el alimento por completo, pudiéndose agregar vino o similares.
— Tras poner al fuego y hervir se bajará y cocinará a fuego lento, con el fin de no desnaturalizar la gelatina en exceso, pudiéndose o no tapar, según los casos y resultado deseado.

Aplicaciones
— Para todo tipo de carnes duras y gelatinosas como cuellos, pechos, faldas, pero siempre troceadas.
— También se utiliza para pescados, generalmente de roca, aunque la cocción es menos prolongada.

BRASEAR

Ejecución
— Método muy parecido al anterior con las diferencias de que el líquido y la grasa no cubrirán al género principal, que debe ser piezas enteras, bridadas o albardadas.
— La cocción se realiza en un recipiente especial llamado *brasera* o *braseadora* que se cierra herméticamente con un papel y sobre este, la tapadera.
— Esta cocción se empieza en el fuego (1/3 de la cocción), y se termina en el horno a 160°-200°C).

EN COSTRA

Tradicionalmente hace referencia al pescado o carne cocinado envuelto en una masa, generalmente hojaldre e impregnado de una aliño o relleno con una farsa y cocinado al horno. Pero en esta ocasión nos referimos a los alimentos, generalmente pescados o animales pequeños, envueltos en hojas vegetales como parra o higuera, en paños de limo o cubiertos de arcilla o barro, de manera que nos permite cocinarlos enterrado en las ascuas, aprovechando los últimos rescoldos y procurando una cocción mixta entre el vapor y el tostado final que se produce. Este método es empleado desde el origen de los tiempos.

Ejecución
— Dentro de esta denominación encuadraremos las siguientes:
    — Con masa.
    — A la sal.
    — Papillote.
— Estos métodos se fundamentan en la cocción del género con el propio vapor que genera o la adicción de algún líquido.
    — Con masa: Consiste en envolver el alimento en una cubierta de una masa, tipo harina, agua y algo de grasa, al que se le añade como relleno, además del género principal, una «duxelle» o similar. Seguidamente se hornea a horno fuerte, previamente pintado con huevo para que brille.

    — A la sal: Se prepara cubriendo el alimento con una capa de sal gruesa y metiéndolo a horno fuerte, y normalmente se trincha delante del cliente por los camareros. La sal se puede adicionar de agua o clara de huevo para facilitar el encostramiento.

    — Papillotte: Se basa en envolver el alimento con su guarnición en un pergamino, barros u hojas vegetales perfectamente cerrado para evitar la salida de aire. Puede decirse que es la técnica que precedió a la cocina al vacío.

Aplicaciones
— Se utilizan para animales pequeños, piezas de primea y pescados.
— En ocasiones excepcionales para verduras, frutas y quesos.

RECETAS

EL PAN DE LOS IBEROS

Nos referimos en estas recetas a tres tipos fundamentales de hacer pan: fermentado, directamente a la brasa y seco, tipo galletas *(figura 20)*. El hecho de hacer pan como alimento podría abarcar cientos de páginas, pero los tipos que exponemos en este momento de la obra hay que entenderlos no solo como panes, sino con el hecho de poder conservar y poder alargar la vida útil de los mismos consiguiendo una prolongada durabilidad. De esta forma el pan de cebada, al tener una triple fermentación y levadura natural puede alargar su conservación durante cinco o seis días. En esta receta le añadimos harina de espelta para aumentar relativamente la esponjosidad y crear un verdadero efecto de panificación, un poco similar al actual, aunque al emplear solamente la levadura natural producida por la fermentación de la manzana, la levada de este es muy relativa e irregular. No obstante, cabe la posibilidad de que estos pueblos usaran masa del día anterior, tipo masa madre o esponja, como levadura o parte del fermento. El de bellota, al ser una masa con poca cantidad de agua y secada a la brasa, puede alargar su conservación hasta llegar a varias semanas. En España, con una elaboración similar, tenemos actualmente varias representaciones como los *talos* en Euskadi, los *Galianos* en Castilla la Mancha, etc. Este tipo de pan o torta es sin duda el más representativo.

También incluimos algunas elaboraciones que pudieron ser parte de ofrendas o banquetes funerarios, ya que aparecen algunos de sus ingredientes en tumbas, incineraciones y santuarios como es el caso de la alholva o elaboraciones similares en otros pueblos coetáneos de la zona, como el pan de queso parecido al *Libum*. De esta manera abordamos varias técnicas de elaboración, hidratación de masas, amasados, fermentación y cocción, así como abrir lo máximo posible el abanico de ingredientes disponibles o utilizados en la época.

Figura 20: Fotos cereales

LOS FERMENTOS IBEROS

A razón de los conocimientos de que disponemos al respecto, hemos utilizado varios ensayos de los cuales exponemos cuatro, aunque solo utilizaremos tres:

— A base de fruta fermentada.
— A base de Caelia o Cerea.
— A base de lácteos.
— Masa madre.

La cuarta, aunque una de las más factibles, fáciles y efectivas no la vamos a tratar, ya que consiste en dejar una porción de masa del pan del día anterior y posteriormente adicionarla al pan que se está elaborando en una proporción del 15% aproximadamente y repetir la operación sucesivamente.

FERMENTO A BASE DE FRUTAS

Ingredientes:
- — 400 g harina de espelta.
- — Piel de dos manzanas
- — 300 g de agua.

Elaboración:
- — Machacar en mortero las pieles de manzana, cubrir con el agua y dejar de cuatro a seis días a temperatura ambiente y destapada. Cuando desprenda olor ligero a alcohol y empiece a burbujear, agregamos 70 g de harina y mezclamos. Volvemos a dejar dos días, retiramos las pieles y un poco de la mezcla y agregamos la mitad de la harina que nos quede.
- — Volvemos a dejar dos días, retiramos la mitad de la mezcla y agregamos lo que queda de harina y unos 100 g de agua, mezclamos bien y ya dejamos reposar en la nevera. Sacar ocho horas antes a atemperar antes de usar.
- — Se podría sustituir la manzana por otra fruta rica en azúcar. También el tipo de harina de trigo. Los tiempos podrían variar dependiendo de la temperatura. Si no la vamos a usar en un tiempo, la guardamos tapada en la nevera, pero todos los días hay que retirar una porción de masa (1/4 aproximadamente), y reponerla con mitad de harina y mitad de agua.

FERMENTO A BASE DE CAELIA O CEREA

Ingredientes:
- — 100 g de harina de cebada en grano.
- — 100 g trigo duro en grano.
- — 1 litro de agua sin cloro.
- — 30 g miel.
- — C/c de romero, tomillo, salvia y artemisa.
- — 400 g harina de espelta integral.

Elaboración:
- — Lavar los granos, poner en un recipiente con humedad hasta que abra para germinar (unos tres o cinco días).
- — Tostar en horno suave hasta que empiece a dorarse y quede totalmente seco. A continuación, lo trituramos no muy fino y ponemos a cocer noventa minutos a 70° C, junto con la miel y la hierbas, enfriamos, colamos y hervimos a 100°, entre cuatro y cinco minutos.
- — Pasar a un recipiente de barro y dejar fermentar hasta que huela a cerveza. Retirar la costra de la superficie y reservar.
- — Mezclar 100 g de harina con la costra y rellenar hasta 100 g de líquido con el líquido fermentado.
- — Dejar dos días y retirar parte de la masa. Reponer con 200 g de harina y agua.
- — Al día siguiente repetir la operación y guardar el fermento en la nevera.
- — Sacar ocho horas antes a atemperar antes de usar.

FERMENTO A BASE DE LÁCTEOS

Ingredientes:
- — 125 g yogur natural sin azúcar.
- — 250 g de harina de espelta integral.
- — 50 g de agua.

Elaboración:
- — Mezclar todos los ingredientes.
- — Dejar dos días y retirar parte de la masa y reponer con 70 g de harina y agua.
- — Al día siguiente repetir la operación. Guardar el fermento en la nevera.
- — Sacar ocho horas antes a atemperar antes de usar.

PAN DE AVENA Y SEMILLAS DE LINO

Ingredientes para el prefermento:
- 200 g de prefermento de lácteos.

Ingredientes para la masa:
- Prefermento.
- 500 g de harina de avena integral.
- 400 g de agua
- 20 g de semilla de lino tostadas
- 11 g de sal.

Elaboración de la masa:
- Mezclar la harina con la sal y el agua y dejar reposar ocho horas. Agregar el prefermento y las semillas, amasar quince minutos. Enharinar un cuenco y poner la masa, dejar fermenta una hora aprox.
- Darle forma de pan redondón presionando ligeramente; enharinar un paño de lino y poner en el cuenco, colocar la masa y tapar. Dejamos fermentar unas cuatro horas.
- Precalentar el horno de leña a unos 250°C, pulverizar el pan con agua y colocar en el suelo del horno. Cuando pasen cinco minutos, repetimos el proceso, y trascurrido cinco minutos más bajamos a 200°C y cocemos entre cuarenta y cincuenta minutos más.
- Sacar y enfriar sobre rejilla. Se le pueden hacer unos cortes antes de hornearlo.

PAN DE CEBADA Y TRIGO KAMUT

Ingredientes el prefermento:
- 100 g de harina de trigo Kamut integral.
- 80 g fermento de frutas*.
- 30 g agua

Ingredientes para la masa:
- 160 g de prefermento.
- 250 g de harina de cebada integral.
- 250 g de harina de trigo Kamut integral.
- 340 g de agua
- 11 g de sal.

Elaboración del prefermento:
- Mezclar todos los ingredientes y dejar fermentar doce horas.

Elaboración de la masa:
- En un bol mezclamos las harinas, la sal y el agua, y dejamos reposar una hora.
- Agregamos el prefermento y mezclamos hasta que quede fino; reposamos quince minutos. Volcamos la mezcla sobre la mesa y amasamos haciendo pliegues unos veinte minutos, hasta que quede muy fina y fermentamos unas tres horas a 26°C.
- Una vez fermentamos, volcamos sobre la mesa enharinada y boleamos para darle un poco de tensión. Dejamos reposar otros treinta minutos.
- Repetimos de nuevo la operación anterior. En un recipiente redondo ponemos una tela de lino enharinada y sobre esta la masa con los pliegues hacia abajo, cubrimos con otro lino y dejamos fermentar una hora más.
- Ponemos la masa sobre la pala, espolvoreamos con agua la superficie y colocamos directamente en el suelo del horno de leña. Cocemos quince minutos a unos 250°C y luego otros cuarenta y cinco minutos a 200°C.

PAN DE ESCANDA Y MIJO

Ingredientes prefermento:
— 600 g de prefermento de *Caelia*.

Ingredientes para la masa:
— Prefermento.
— 100 g de harina de escanda integra.
— 100 g de harina de mijo.
— 100 g de agua
— 10 g de sal.

Elaboración del prefermento:
— Sacar de la nevera ocho horas antes.

Elaboración de la masa:
— En un bol mezclamos las harinas, la sal y el agua y dejamos reposar una hora.
— Agregar el resto de ingrediente, realizar amasados de cinco segundos y dejar reposar cinco minutos hasta completar media hora. La masa es bastante líquida con una hidratación que ronda el 80%.
— Untamos un recipiente rectangular con aceite de oliva y vertemos la masa, tapamos con un paño de lino y dejamos fermentar dos horas. Durante este proceso haremos cuatros pliegues (cada media hora), hacia dentro, siguiendo los cuatro puntos cardinales.
— Trascurrido este tiempo, enharinamos la mesa y volcamos la masa, espolvoreamos por encima bastante harina y damos forma rectangular, colocamos sobre bandeja de horno y la dejamos fermentar media hora más.
— Colocamos una bandeja con agua en el horno de leña y cocemos diez minutos a 250°C. Pasado este tiempo, bajamos a 210°C y cocinamos entre treinta y cinco y cuarenta minutos más.
— Enfriar sobre rejilla.

BOLLOS DE AVENA, QUESO Y SEMILLAS DE HINOJO

Ingredientes:
- 175 g de harina de trigo.
- 175 g de harina de avena.
- 250 g de queso fresco de cabra.
- 25 g manteca de cerdo ibérico.
- 1 huevo.
- 5 g sal.
- C/s. miel e hidromiel.
- C/s. semillas de hinojo.

Elaboración:
- Tamizar las harinas y mezclar. Aparte trabajar el queso hasta obtener una crema.
- Mezclar las harinas con el huevo, la sal, el queso y la manteca, amasar y agregar las semillas de hinojo ligeramente machacadas. Dejar reposar treinta minutos.
- Mezclar la miel con un poco de hidromiel y calentar; es para bañar después de horneado.
- Hacer panecillos de unos 80 g, y colocar en bandeja de horno. Horneamos en horno de leña entre veinticinco y treinta minutos a 200°C. Sacar y enfriar cubriendo con un paño de lino.
- Una vez casi frio, regar con la mezcla de miel.

BOLLOS DE TRIGO, MIEL Y SEMILLAS DE ALHOLVA

Ingredientes:
- — 325 g harina de trigo duro integral.
- — 325 g yogur sin azúcar tipo griego.
- — 100 g prefermento de lácteos.
- — 5 g sal.
- — C/S miel.
- — 20 g semillas de alholva.

Elaboración:
- — Tostar las semillas ligeramente. En un cuenco mezclamos todos los ingredientes hasta obtener una masa lisa, dejamos fermentar en un lugar tibio una hora aprox., tapado con un paño de lino.
- — Amasar ligeramente y dividir en unas diez piezas.
- — Boleamos, aplastamos ligeramente y dejamos fermentar una hora más.
- — Ponemos un poco de mantequilla en una sartén y cocinamos las piezas unos cuatro o cinco minutos por cada cara.

GALLETAS

Al igual que el pan, podemos alargar la conservación de las galletas con la miel y con el torrefactado de la harina; conserva los productos de la harina mediante una larga cocción o secado al horno. Se sigue haciendo en nuestros días, pero es quizás durante el siglo XV y XVI donde cobran relevancia, ya que son este tipo de productos los que se utilizan para alimentar a marineros y remeros durante las travesías de ultramar, de ahí, por ejemplo, derivan la palabra «bizcocho», que en su origen era una especie de galleta a la que se le daba dos cocciones o doble cocción para que se conservara.

GALLETAS DE YERO

Ingredientes:
- — 500 g harina de yero tostada.
- — 160 g miel.
- — 300 g mantequilla de cabra.
- — 3 g de sal fina.

Elaboración:
- — Trabajar la mantequilla con la sal hasta que esté pomada, agregar la miel y trabajar. Una vez esté lisa agregar la harina de yero y mezclar hasta obtener una masa homogénea.
- — Estirar y reposar dos horas. Cortar en discos y hornear a 175° C entre quince y veinte minutos. El concepto de galleta se asemeja más como al concepto de conservación, tras someter a una harina a cocción con grasa y miel, que al que tenemos hoy día de este producto.

TORTAS DE BELLOTA

Ingredientes:
- 200 g de harina de bellotas.
- 80 g de harina de espelta integral
- 90 g de agua
- 8 g de sal

Elaboración de la harina:
- Pelar y echar las bellotas en agua ocho horas; transcurrido este tiempo secar al aire hasta que estén completamente secas y moler, dejar algunos trozos más gruesos, ya que le aportan a esta torta un toque rustico y crujiente.

Elaboración del pan:
- Mezclar todos los ingredientes y reposar cuarenta y cinco minutos. Limpiar las brasas hasta dejar una capa fina, hacer tortas de 1 cm de grosor aproximadamente, poner sobre las ascuas y cubrir con más ascuas. Cocinar entre unos ocho y diez minutos; dar la vuelta si fuera preciso. Una vez cocinadas limpiar con un paño. Este pan mantiene un periodo de conservación de más de una semana.
- Es posible que tengamos que añadir algo más de gua, dependiendo del reposo. La harina de bellota se puede utilizar para elaborar gachas y espesar guisos con la fécula de maíz. Los trozos gruesos se pueden guisar como el arroz o las lentejas sin previo remojo.

TORTAS DE TRIGO DURO

Ingredientes:
- — 250 g Harina de trigo duro.
- — 130 g Agua.
- — 3 gr de sal

Elaboración:
- — Mezclar los ingredientes y dejar reposar una hora; extender finamente y con la ayuda de dos palos colocar sobre las ascuas y tapar con más, cocinar hasta que resulte una masa casi seca.
- — Limpiar de restos y consumir, bien añadiendo a los guisos como pasta o más blanda y utilizar para mojar o emplearlo como cuchara, como se hace en países como India, México y zonas de África.

LA SALAZÓN, UN PROCESO CLAVE

Es evidente que se puede acelerar el proceso con un horno caliente o deshidratadora y la ayuda de una ahumadora, pero hemos querido ceñirnos a como pensamos que se haría en esa época, por lo que deducimos que se haría en invierno y sin utilizar carne de cerdo, ya que esta tiende a enranciarse en este proceso. Nos hemos decantado por una salmuera liquida porque acelera el proceso y se logra una salazón y reparto de aromas más homogéneo, pero en el caso de pescados es más factible la salmuera seca y ahumado, ya que no aporta humedad.

También sabemos a ciencia cierta, bien por cómo se troceaban las piezas, bien por textos antiguos, que salaban piezas de gran tamaño, lo que sugiere una técnica depurada de la salazón, el secado y sus condiciones; también nos hablan de la calidad de algunas especias iberas como el comino o la calidad de sus salinas, todas ellas materias primas fundamentales para estos procesos.

CARNE SECA

Ingredientes:
- 1 kg de carne de ternera (contra), cabra, oveja, caballo o ciervo.
- 4 dientes de ajo.
- Romero, tomillo, salvia, orégano todo fresco.
- Comino en grano.
- 1 l de agua.
- 200 g de sal

Elaboración:
- Retirar la grasa externa de la carne y cortar en tiras de 2 x 2 cm de grosor y lo más largas posible. Poner en un mortero las hierbas deshojadas, el comino y los ajo, majar hasta obtener una pasta y mezclar con la sal, agregar el agua y homogeneizar hasta que la sal esté disuelta.
- Sumergir la carne y dejar veinticuatro horas.
- En una estancia bien aireada y seca colocar un cordel de hilo de cáñamo y colgar ahí la carne dejando la doblez lo más pequeña posible. También se puede coser con un hilo al cordel. A los tres días encender una lumbre, con poco fuego y agregar hierbas aromáticas, con el fin de facilitar un ahumado en frío.
- Dejar secar durante quince días aproximadamente y repetir el ahumado dos o tres veces más.

— Para el pescado, lo enterraríamos en sal gorda, con o sin hierbas y luego o bien se secaría al aire o bien se tendría en sal hasta el momento del consumo, como ocurre hoy día con el bacalao o las sardinas arenques.

— También se pueden secar sin la adición de sal, como el caso de pez volador o el congrio seco. Para ellos hay que limpiar cuidadosamente el pescado, lavarlo en agua de mar y posteriormente secar al aire en tendederos. También se emplea para los pulpos y otros pescados.

EL MORTERO: GARO Y MORETUM

Este tipo de elaboraciones guardan un denominador común, que es el empleo del mortero, básico para la cocina de esta época, no solo en la preparación de alimentos, sino también para obtener colorantes, pastas y/o ungüentos, como así lo atestigua las manos de mortero de piedra, algunos dentadas o morteros de origen iberorromano, como los que se encuentran en el Museo de Teruel. Además, emplean el ajo, las hierbas aromáticas y el aceite de acebuche como partes fundamentales, obteniendo pastas más o menos untuosas y potentes dependiendo de cómo se combinen. La utilidad de estas pastas son servir como desayuno o almuerzo, untados sobre pan o torta, ya que la comida propiamente dicha seguramente se haría por la tarde noche, después del trabajo duro, como se seguía haciendo en numerosos lugares de España hasta hace relativamente poco tiempo. Otro posible empleo es como acompañante de algunos platos tipo salsa o para potenciar el sabor de otros platos de los que formaran parte como ingredientes.

GARO IBÉRICO

Ingredientes:
- 100 g anchoas saladas.
- 100 g lomos de sardina ahumada.
- Romero fresco, tomillo fresco, orégano fresco.
- Semillas de hinojo.
- 35 g aceite de acebuchina.
- Unas gotas de salsa Flor de Garum.

Elaboración:
- Poner todos los ingredientes en el mortero, excepto el aceite, hasta hacer una pasta, ir agregando el aceite a chorro fino y trabajar hasta que quede integrado. Cortar una rebanada de pan de cebada y tostar en la brasa. Untar el garo. También se puede emplear como potenciador de sabor en guisos, asados, etc.
- (Esta receta hace referencia a la producción de garo anterior a la llegada de Roma, de influencia griega y/o fenicia, de ahí que no solo se emplea la salsa sino todo el material utilizado para su producción, más parecido quizá al paté de allec. Todavía existen recetas similares en Francia y Portugal).

SALSA DE QUESO TIPO *MORETUM*

Ingredientes:
- — 300 g de queso de cabra.
- — 2 dientes de ajo.
- — Unas hojas de hinojo fresco.
- — 3 g de sal fina.
- — Tomillo fresco.
- — 20 g de vinagre.
- — 30 g de aceite de acebuchina.

Elaboración:
- — Poner en un mortero el ajo, la sal y las hierbas, hacer una pasta y agregar el queso. Majar hasta obtener una mezcla homogénea.
- — Terminar montando con el aceite y el vinagre. Servir sobre una rebanada de pan de cebada tostado en brasas.
- — (Un buen uso seria como desayuno o almuerzo a media mañana, como es costumbre en algunas zonas, ya que la comida realmente contundente se hacía por la tarde noche antes de dormir).

GACHAS

Es un tipo de plato, muy básico, que emplea como base una grasa, una harina y un líquido. Se siguen consumiendo en gran parte del mundo, en cada una de ellas con sus variedades. Sería similar al *pulmentum* romano. Partiendo de esa base, del entorno y la temporalidad podemos elaborar multitud de combinaciones, no solo con esto productos básicos, sino con la adición de ingredientes que complemente su valor prácticamente calórico, como las frutas (uvas, manzanas…), carnes o pescado, que bien pudieran ser asados, fritos o secos; o verduras, como espárragos y hojas silvestres, setas, o variedades similares. Igualmente, se pueden aromatizar con ajos, romero, salvia, poleo… En la época ibera se usarían grasas más corrientes.

— Cerdo, ternera, oveja o cabra.
— Mantequilla de vaca, cabra u oveja.
— Aceite de acebuchina, aunque personalmente me decanto más para su empleo en variedades frías, más similares al gazpacho.

Las harinas seguramente empleaban eran de las que se disponían en esta época, tales como:

— Bellota, cebada (estas dos serían las principales), habas, espelta, escanda, yero, mijo, almortas, etc.

Y los líquidos para su cocción:

— Agua o caldos de cocción, de carnes o pescados
— Leche de vaca, cabra u oveja
— Podrían también emplear zumos como mostos extraídos de diferentes frutas.

La elaboración para las gachas que se servían calientes era igual a todas, porque lo más normal es que las elaboraran de esta manera, aunque podría ser solo una sencilla mezcla de un líquido y harina cocido, similares a las que se comen en algunos lugares de África, procediendo del siguiente modo:

Calentar la grasa y añadir la harina y cocer entre cinco y diez minutos (tipo Roux); apartar del fuego y una vez entibie agregar el líquido caliente. Cocer hasta obtener una pasta homogénea y con la densidad requerida. En esa ocasión, también interpretamos unas realizadas con vísceras, casquería y sangre de cerdo, que eran los consumidos habitualmente por la población, ya que constituyen alimentos de alto valor proteico, energético y fuente de colágeno; un plato que también podría tener una interpretación de la sopa negra espartana y servir con los acompañamientos. Así, de este modo puede añadirse elementos aromáticos, verduras, etc. Sirva como ejemplo, en la actualidad, las gachas manchegas.

Cuando nos referimos a las frías, su elaboración se realiza en mortero, con una base de ajo y utilizando como emulsionante el huevo y/o como estabilizante pan o alguna harina, para concluir montando con aceite de acebuchina. Hoy en día podemos encontrar ejemplos parecidos a estos en el gazpacho extremeño, el de habas, el ajoblanco, etc.

GACHAS DE ALMORTAS, SETAS Y TOCINO IBÉRICO

Ingredientes:
- 1 l de agua o caldo.
- 170 g de harina de almortas.
- 150 g de manteca de cerdo ibérico.
- 80 g de setas silvestres (en este caso negrillas).
- 80 g de tocino ibérico de veta salado.
- Orégano, ajo y comino.
- Sal.

Elaboración:
- Fundir la grasa y agregar el ajo picado, el comino y el orégano.
- A continuación, se añaden las setas, previamente limpias, y la harina de almortas y cocer hasta que esté homogénea.
- Echamos a continuación, poco a poco, el agua salada caliente o el caldo, y cocer hasta obtener una pasta homogénea. Poner en un cuenco y acompañar de unas lonjas de tocino pasado por las brasas.
- También se podría acompañar de frutas, como las granadas, manzanas, uvas, etc.

GACHAS DE BELLOTAS, LECHE DE CABRA, UVAS Y CARNE SECA

Ingredientes:
- 1 l. de leche de cabra.
- 180 g de harina de bellotas.
- 140 g de grasa de cabra.
- 2 dientes de ajo.
- 100 g de carne seca de cabra.
- Uvas. Romero y tomillo fresco.
- Sal.

Elaboración:
- Fundir la grasa y echar los ajos laminados, cuando empiecen a dorar agregamos la harina y cocemos cinco minutos.
- A parte hervimos la leche con la sal, un poco de romero y de tomillo fresco y vertemos sobre el Roux anterior.
- Cocinamos entre ocho y diez minutos hasta obtener una pasta homogénea. Servimos en cuenco acompañado de uvas y la carne seca.
- Para nosotros es una de las recetas más auténticas y factibles de este tipo de elaboraciones.

GACHAS FRÍAS DE HABAS, ZORZALES Y POLEO

Ingredientes:
- 1 yema de huevo.
- 1 diente de ajo.
- 150 g de pan de cebada.
- 200 g de harina de habas secas.
- 1 l de agua.
- 4 zorzales.
- Poleo.
- 100 g de aceite de acebuchina.
- 75 g de vinagre de manzana.
- Sal.
- 1 manzana

Elaboración:
- Encendemos las brasas y asamos los zorzales; reservar y guardar los hígados y corazones.
- En una barreña de madera o mortero colocamos la yema de huevo, el ajo, el poleo, las vísceras de los zorzales y la sal, comenzamos a majar y agregamos el pan (preferiblemente miga y guardamos la corteza para luego), y la harina. Una vez tengamos una pasta lisa echamos el vinagre.
- Añadimos el aceite a chorro fino y vamos montado como si fuera una emulsión tipo mahonesa.
- Por último, desleímos con el agua.
- En cuenco ponemos la sopa fría, junto con trozos de la corteza del pan, la manzana y los zorzales troceados, terminamos con un toque de aceite en crudo.

GACHAS NEGRAS CON CENTENO Y CASQUERÍA

Ingredientes:
- 1 cebolla
- 1 diente de ajo
- 60 g manteca de cerdo.
- 50 g harina integral de centeno.
- 1 estomago de cerdo
- Un trozo de corazón y de pulmón.
- Un trozo de rabo salado de cerdo.
- 50 g de vinagre de higos.
- 1 l de sangre de cerdo.
- Menta y romero fresco,
- Sal.

Elaboración:
- Fundir la manteca y agregar la cebolla y el ajo picado, añadir la harina, mezclar y echar las hierbas. Reservar.
- En una olla ponemos agua y sal junto a toda la casquería. Cocer hasta que esté tierno y trocear en dado.
- Echar toda la casquería troceada con la mezcla anterior, verter el vinagre, la sangre y terminar de cubrir con el agua. Cocinar diez minutos y servir.

GUISOS

Es una de las recetas más empleadas en todas las civilizaciones, tanto antiguas como modernas, ya que, debido a su composición, suelen ser platos contundentes y que aportan una gran cantidad de energía. Por eso se solían tomar una vez finalizado los trabajos y al anochecer, una vez en el hogar, para reponer fuerzas. Su elaboración comprende el empleo de legumbres, tanto frescas como secas, acompañados de verduras de temporada, elementos grasos como aceite de acebuchina, manteca o mantequilla, sustancias aromáticas y componentes proteicos, ya pueden ser pescados o carnes, frescos, secos o en salazón.

En este campo encontramos sobre todo el empleo de habas, chicharos, garbanzos, arvejas, almortas y lentejas, también se pueden guisar cereales como el trigo o el mijo, así como las bellotas. También se pueden emplear las legumbres secas para el empleo de harinas, y su posterior uso para gachas o panes.

	Energía kcal	Proteínas g	Lípidos g	Carbohi-dratos g	Fibra g
LEGUMBRES					
Almortas	369	27,88	6,2	62,99	17,
Arvejas	352	23,8	1,1	38,2	25,5
Garbanzos	378	20,47	6,04	62,95	12,2
Guisantes secos	315	21,5	2,3	56	12
Habas	341	26,12	1,53	58,59	15
Lentejas	352	24,63	1,06	63,35	10,7
Yero	290	22,9	2,4	54,2	5,7
CEREALES*					
Avena	389	16,89	6,9	66,27	1,7
Bellota	387	6,2	23,9	40,8	
Cebada	373	10,4	1,4	82,3	17
Centeno	350	9,4	1	76	6
Escanda	338	15	2,4	70	11
Trigo duro	364	10,2	1,2	76	2,7

*Incluimos en el apartado de los cereales un fruto seco como es la bellota, ya que se emplea para la elaboración de panes. Solo se recoge la información nutricional básica.

GUISO DE BELLOTA CON PERDIZ Y PUERROS

Ingredientes:
- 1 kg de bellotas.
- 3 dientes de ajo.
- 3 puerros.
- 800 g mantequilla de cabra ahumada.
- 60 g de vinagre.
- 100 g de ortigas.
- 1 perdiz.
- Hierbas frescas (romero, tomillo…).
- Sal.

Elaboración:
- Si las bellotas son frescas, tostarlas ligeramente y pelarlas; si son secas, rehidratarlas la víspera en agua tibia.
- En una olla al fuego derretimos la mantequilla y echamos el puerro, picado, la sal y los ajos machacados y rehogamos unos diez minutos.
- Limpiamos y desplumamos la perdiz, cortamos en cuatro y salteamos hasta que dore con los puerros. Aprovechar también las vísceras.
- A continuación, agregamos las hojas de las ortigas, el hatillo de hierbas y el vinagre. Cuando se halla evaporado cubrir de agua y cocinar una hora aproximadamente.
- Echamos las bellotas y cocinamos a fuego muy suave hasta que esté todo tierno.
- Hay que controlar el guiso ya que habrá que ir agregando agua poco a poco y vigilar el espesor, ya que la bellota gelifica los caldos a partir de los 80° C, sobre todo cuando se emplea molida gruesa o en forma de harina.

GUISO DE LENTEJAS Y MANITAS DE CERDO

Ingredientes:
- 400 g de lentejas,
- 2 manitas de cerdo en cuartos.
- 30 g de aceite de acebuchina.
- 100 g de chalotas.
- 2 dientes de ajo.
- 70 g de tocino ibérico de veta.
- Comino, tomillo fresco y sal

Elaboración:
- Poner a remojo las lentejas la víspera. En una olla de barro ponemos las manitas, cubrimos con agua, la chalota picada, los ajos enteros, la sal, el tocino en lardones y las especias pasadas por el mortero, agregamos el aceite y cocinamos unas dos horas.
- Agregamos las lentejas y cocinamos hasta que estén tiernas. Servir en cuenco.

GUISO DE HABAS SECAS, CARDOS Y TERNERA AHUMADA

Ingredientes:
- 400 g de habas secas.
- 150 g de cardos limpios.
- 1 hueso de ternera.
- 50 g de grasa de ternera.
- 80 g de ternera seca y ahumada.
- 100 g de chalotas
- 2 dientes de ajo.
- Salvia fresca y sal.

Elaboración:
- Poner en remojo las habas secas la víspera. En una olla colocamos las habas, la chalota picada, los ajos, el hueso, los cardos limpios y troceados, la ternera en tacos, la grasa, las hojas de salvia y la sal.
- Cocer hasta que estén tiernas y servir en cuenco.

GUISO DE CHÍCHAROS Y HABAS FRESCAS CON ANGUILA

Ingredientes:
- 200 g de guisantes frescos pelados.
- 200 g de habas frescas con la vaina.
- 1 anguila.
- 80 g de cebolla.
- 50 g de aceite de acebuchina.
- 60 g de harina de espelta.
- Sal y orégano fresco

Elaboración:
- En una olla colocamos los guisantes, la cebolla picada, las habas cortadas con su vaina, el aceite, el orégano y la sal, rehogamos unos veinte minutos y cubrir de agua.
- Cocinar hasta que esté todo tierno, agregar la harina y cocinar cinco minutos más.
- Aparte limpiar la anguila, retirar la espina y la piel, poner en el guiso anterior, tapar y cocinar otros cinco minutos más. Colocar en un plato hondo con el pescado encima

GUISO DE GARBANZOS, MALVAS Y HUEVOS

Ingredientes:
- — 300 g de garbanzos
- — 100 g de hojas de malva.
- — 70 g de tocino ibérico de veta ahumado.
- — 3 dientes de ajo.
- — 3 rebanadas de pan de cebada.
- — 150 g de grasa de ternera.
- — 70 g de almendras.
- — 3 huevos.
- — Sal y comino.

Elaboración:
- — Poner a remojo los garbanzos la víspera.
- — En una olla calentamos agua, cuando esté tibia echamos los garbanzos escurridos y el tocino en lardones. Cocinamos una hora y ponemos las malvas lavadas.
- — Aparte fundimos la grasa y freímos el pan, las almendras y los ajos, majamos con el mortero y agregamos los cominos, seguimos majando hasta obtener una pasta homogénea.
- — Cuando estén los garbanzos casi tiernos agregamos el preparado del mortero y cocinamos veinte minutos más. Una vez estén tiernos y el conjunto ligado, escalfamos los huevos y servimos en cuenco.

ENSALADAS

Estas recetas solo ejemplifican las posibles variantes existentes ya que, al basarnos solo en los restos encontrados, las combinaciones son limitadas. Parece más que evidente que se consumían más hierbas y verduras comestibles crudas como acederas, vinagreras, romanzas, verdolaga… seguramente mezclándolo con elementos proteicos y frutos secos, ya sean como entrantes o acompañamientos de platos más contundentes; al final no dejan de ser un aprovechamiento de las verduras, generalmente de hojas, que se recolectaban igual que se hace hoy día con muchas de ellas. También cabe destacar el consumo de flores y raíces. Si vemos el tema de los aliños y vinagretas las posibilidades crecen más, ya que usarían grasa liquida, como el aceite de acebuchina, mezclada con los diferentes vinagres que se pueden obtener por fermentación de mosto de frutas como la uva, la manzana, el higo, etc. Es bastante frecuente añadir a estas vinagretas, además de la sal, elementos aromáticos como semillas de rábano, brassica, hierbas silvestres e incluso miel. Como dice el refranero:

> «Para aliñar bien hacen falta cuatro personas: un justo para la sal, un generoso para el aceite, un avaro para el vinagre y un loco para darle vueltas».

El tema de los aliños puede presentar cierta controversia, sobre todo en esta época, ya que podrían ser similares a los que usamos hoy o bien ser un tipo caldo, para luego terminar de comer con pan, es decir, agregar agua al aliño de la ensalada, para que este acabe siendo una especia de *posca*. Tampoco está claro el orden en el menú, ya que pudo utilizarse como entrante, acompañamiento o bien como postre, ya que, hasta no hace tantos años, en España se utilizaban como postre determinadas ensaladas veraniegas.

LAS POSIBILIDADES DE LAS VINAGRETAS

Cuando hablamos de vinagretas o aliños nos referimos a las más usadas hoy día, ya que es complejo imaginarnos algo diferente a lo que nos marca nuestra memoria gustativa. Podemos definir vinagreta como «la mezcla de grasa liquida, elemento ácido y sala, que se emplea generalmente para aderezar vegetales crudos y ensaladas, pudiéndose adicionar de otros elementos aromático, especias e incluso miel».

En primer lugar, nos encontramos con el inconveniente de qué grasa empleaban los iberos, ya que tendría que ser una liquida, y aunque ni se ha podido demostrar el uso del aceite de acebuchina u oliva, hasta ya entrada la conquista romana, no es difícil presuponer el empleo de esta grasa para alimentación, sobre todo en épocas donde escaseaba la comida.

El empleo de vinagre, o vino rancio, es más obvio, porque utilizándose el de diferentes frutas, podemos conseguir matices muy desiguales. También quedaría claro el empleo de la sal.

Otros elementos que podrían ser parte de estas vinagretas son las hierbas aromáticas, como el tomillo, el romero, incluso el ajo o el comino. También formar parte de las mismas semillas que ayudan a mejorar su sabor y valor nutritivo, como las semillas de hinojo, zanahoria silvestre, lino o semillas de amapola, u otras como la mostaza.

De igual forma, la miel nos serviría para corregir parte de la acidez o elementos de carácter tensioactivos, es decir, nos ayudan a mezclar el aceite con un líquido de manera más o menos estable, como podría ser la propia miel, el ajo, la yema de huevo o las semillas de mostaza trituradas.

La consistencia de la vinagreta puede ser cortada, donde se ve claramente la separación entre grasa y vinagre; ligada, donde la mezcla es más o menos estable y densa; o bien con bastante agua para poder utilizar luego el caldo resultante como alimento hidratante y reconstituyente. La proporción básica suele ser de 1/3 de vinagre y 2/3 de grasa.

Por lo tanto, aunque en cada receta proponemos unas vinagretas, se puede jugar con uno o varios elementos para conseguir resultados diferentes atendiendo a gusto, alergias, temporalidad, etc.

ENSALADA DE RABANILLAS Y CIRUELAS SECAS

Ingredientes:
- 1 manojo de rabanillas con sus hojas (tienen que ser del día).
- Semillas de rábano.
- 6 ciruelas secas
- 80 g de aceite de acebuchina.
- 30 g de vinagre de manzana.
- Sal.

Elaboración:
- Lavar las rabanillas, y cortar en rodajas; aparte, separar las hojas.
- Hacer una vinagreta con las semillas, la sal, el aceite y el vinagre, mezclar bien y añadir las ciruelas picadas. Aliñar todo el conjunto y servir

ENSALADA DE CAMPÁNULA (RAPÓNCHIGOS, FLORES, HOJAS Y RAÍCES), NUECES, PESCADO SECO Y FRAMBUESAS

Ingredientes:
- — 1 manojo de rapónchigo, con flores, tallos y una raíz.
- — 40 g de nueces peladas y seis u ocho frambuesas.
- — Pescado seco tipo volador o similar.
- — 80 g de aceite de acebuchina.
- — 30 g de vinagre de higo.
- — Sal

Elaboración:
- — Lavar los rapónchigos y separar las flores y las hojas (solo tallos tiernos).
- — Pelar la raíz y cortar en juliana muy fina. Con las manos, sacar tiras del pescado, mezclar con las flores, los tallos, la raíz, las frambuesas y las nueces.
- — Montar una vinagreta con el aceite, el vinagre y la sal, aliñar la ensalada y servir.

ENSALADA DE CALÉNDULAS, HUEVOS, ALMENDRAS Y MORAS

Ingredientes:

— 1 manojo de caléndulas con sus brotes y hojas tiernas.
— 40 g de almendras tostadas.
— Seis u ocho moras.
— Dos huevos cocidos.
— 80 g de aceite de acebuchina.
— 30 g de vinagre de vino tinto.
— 10 g de miel.
— Sal.

Elaboración:

— Lavar las caléndulas, deshojar y romper las hojas con las manos.
— Aparte preparar las almendras troceadas, las moras a la mitad y los huevos rallados. Mezclar todos los ingredientes.
— Montar una vinagreta con la miel, el aceite, el vinagre y la sal, aliñar la ensalada y servir

ENSALADA DE HINOJOS CON MOSTAZA, CARNE AHUMADA Y HOJAS SILVESTRES

Ingredientes:
- 1 bulbo de hinojo.
- Un puñado de planta de mostaza (brotes y flores).
- 8 lonchas de panceta curada y ahumada.
- 1 cebolleta.
- Hojas silvestres: alfalfa, acederas, hojas de remolacha, etc.
- 50 g avellanas.

Ingredientes para la vinagreta
- 70 g aceite de acebuchina.
- 25 g vinagre de vino tinto.
- 10 g miel.
- 1 c/p semillas de mostaza.
- Sal.

Elaboración:
- Lavar las hojas y la mostaza, cortar el bulbo muy fino y la cebolleta.
- Tostar la panceta en las brasas hasta que esté crujiente.
- Pelar las avellanas y cortar a la mitad.

Elaboración para la vinagreta:
- Mezclar todos los ingredientes y emulsionar.
- Poner la ensalada en un cuenco, aliñar con la vinagreta, mezclar y servir.

ENSALADA DE ZANAHORIAS ENCURTIDAS, LIQUEN, GRANADA Y PIÑONES

Ingredientes para el encurtido
- 1 zanahoria morada
- 1 diente de ajo.
- 200 g de agua
- 60 g de vinagre de vino tinto.
- Comino, sal y orégano.
- 8 g de miel.

Ingredientes para la ensalada
- 20 g piñones
- ½ granada
- Hojas de zanahorias frescas (si son silvestres mejor).
- 1 puñado de liquen.
- Aceite de acebuchina.
- Semillas de zanahoria.

Elaboración del encurtido
- Lavar la zanahoria, trocear en cubos y cocer con agua, ajo y sal, una vez tierna echamos el vinagre y las especias.

Elaboración de la vinagreta
- Lavamos y troceamos el liquen y las hojas de zanahoria.
- Desgranamos la granada y pelamos los piñones.
- Para la vinagreta mezclamos unos pocos de piñones en el mortero con el aceite, las semillas de zanahoria y el aliño de la zanahoria.
- Mezclamos todos los ingredientes con la vinagreta y servimos.

Aunque el tema del cultivo de la zanahoria se presta a controversia, su cultivo se remonta al 3000 a. C. en la cuenca mediterránea, por lo que se estima que podría haber llegado a Iberia sobre el 1000 a. C. Lo que sí está claro es que serían variedades moradas, amarillas o blancas, y en un primer momento se cultivaban para consumir sus hojas, como hierba aromática (parecidas al perejil y con un regusto más anisado), y sus semillas y su raíz, para su empleo medicinal.

MOLUSCOS, CARACOLES Y CRUSTÁCEOS

Para estas recetas experimentales, nos basamos en la gran cantidad de restos de especies conchícolas que aparecen en los yacimientos, no solo costeros, sino también en el interior, lo que nos hace pensar en el comercio existente de estos productos o sus conchas como objetos decorativos. Las principales especies que aparecen son: *ruditapes, cardiidae, muricidae y patellidaes*; es más que probable que algunos se consumieran crudos, pero por experiencia colectiva y ensayo/error también es factible que las cocinaran para evitar intoxicaciones, ya que son productos que se deterioran en muy poco tiempo, o para tratar infecciones por parásitos como el *Vibrio*, además nos da la oportunidad de aprovechar el caldo de cocción como sopa o para realizar un guiso.

También incluimos en este capítulo a los caracoles terrestres, ampliamente documentados por romanos tras su llegada, además de que aparecen en un sinfín de yacimientos, tanto con carácter alimentario, como en templos y tumbas. Igualmente, existen registros de su cría en cautividad en época ibérica.

En el tema de crustáceo, aunque no hay restos, no es difícil pensar que consumirían cangrejos de todo tipo. En este caso utilizamos cangrejos de río, aunque la variedad que empleamos es el cangrejo americano — *Procambarusclarkii*—, ya que la autóctona se encuentra protegida —*Austropotamobiuspallipes*— y en grave peligro de extinción debido a la enfermedad trasmitida por el americano, conocida como «peste de los cangrejos» o *afanomicosis*.

Por último, hacemos alusión a los pulpos también descritos y mitificados por diferentes autores. Al ser un animal costero es relativamente fácil de capturar y muy abundante hasta hace poco tiempo.

ESTOFADO DE CARACOLES CON TRIGO, HINOJO Y AJETES

Ingredientes:
- 1 kg caracoles grandes.
- 300 g trigo.
- 60 g jamón salado.
- 1 bulbo de hinojo.
- 80 g cebolla.
- 1 manojo de ajetes.
- 1 rama de menta.
- 60 g manteca de cerdo
- Sal.

Elaboración:
- Lavar el trigo y remojar ocho horas en agua.
- Lavar los caracoles con agua y sal, una vez dejen de soltar espuma, cocer asustándolos (empezar la cocción desde agua fría y una vez saquen el cuerpo de la concha subir le fuego al máximo) y reservar.
- En una olla, fundir la grasa y rehogar la cebolla picada con el jamón en dados, agregar la menta, el hinojo troceado y los ajetes.
- Cuando doren echamos el trigo y los caracoles, mojar con el caldo de su cocción cocemos hasta que esté el trigo tierno (dependiendo del trigo, la cocción puede oscilar entre veinte minutos o dos horas), rectificar de sal y servir.

MOLUSCOS CON MANTEQUILLA, ALGAS Y PUERROS

Ingredientes:
- 1 ostión.
- 3 almejas.
- 4 berberechos.
- 4 cañaíllas.
- 8 lapas.
- 1 manojo de algas comestibles (*lechuga de mar*). Trazas de pescado, moluscos y crustáceos.
- 70 g de mantequilla.
- 1 puerro

Elaboración:
- Encender el fuego y poner una olla, echar la mantequilla, fondear ligeramente el puerro y las algas y poner los moluscos previamente lavados; tapar y cocinar tres minutos. Servir.
- Este plato simula la recolección de una variedad de moluscos que se consumen desde hace miles de años por el ser humano, sería el fruto de una recolección rápida en la costa y su posterior cocinado *in situ*. En muchas zonas de Cádiz, Málaga y Huelva los mariscadores y pescadores desayunaban estos moluscos antes de salir a faenar al mar.

PULPO A LA BRASA
CON VERDURAS ASADAS

Ingredientes:
- 1 kg de pulpo pequeño.
- 5 l agua de mar.
- 2 cebolletas
- 3 dientes de ajo.
- 1 rama de apio.
- 1 zanahoria morada.
- 1 nabo.
- Un trozo de raíz de hinojo.
- 200 g Calabaza vinatera tierna (*lagenaria*).

Ingredientes para la salsa:
- 4 rebanadas de pan frito de escanda.
- 30 g avellanas tostadas.
- 30 g almendras tostadas.
- Los ajos asados de la receta anterior
- 50 g aceite de acebuchina.
- 30 g vinagre de vino tinto.
- Romero fresco, comino y sal.

Elaboración de la salsa:
- Poner en el mortero el ajo, la sal, el romero y el comino, y cuando esté fino echamos el pan y los frutos secos; majar hasta obtener una pasta fina.
- Echamos el vinagre y emulsionamos con el aceite hasta obtener una salsa similar al romesco. Reservar.
- Hervir el agua y cocer el pulpo hasta que este tierno. Lavar y trocear las verduras.
- Encender las brasas y asar las verduras sazonada y el pulpo en la parrilla. Una vez todo bien asado, servir entero o todo troceado, de manera similar a un picadillo y acompañar con la salsa.

SOPA DE CANGREJOS CON NABOS Y SUS HOJAS

Ingredientes:
- — 500 g cangrejos de río.
- — 1 kg nabo redondo con sus hojas frescas.
- — 2 puerros
- — 2 dientes de ajo
- — 1 rama de ajedrea.
- — 100 g mantequilla.
- — 70 g harina de centeno integral.
- — Sal.

Elaboración:
- — En una olla, ponemos el puerro y el ajo picado, la sal, la ajedrea y los nabos pelados y cascados, como si fuesen patatas, cubrimos de agua y ponemos al fuego.
- — Cuando trascurran unos quince minutos, echamos los cangrejos y la mantequilla, previamente amasada con la harina (*mantequilla maniuer*), y cocinamos diez minutos más.
- — Por últimos echamos las hojas de los nabos troceadas y terminamos con otros diez minutos de cocción. Servir.

En este capítulo encuadramos recetas como las ancas de rana, ya que el consumo de reptiles, anfibios, caracoles y similares es una práctica habitual, además de una fuente de proteínas bastante accesible y algo más fácil de obtener que otras piezas mayores. También abordamos el tema de pescados de río, ya que también restos de estos aparecen en numerosos yacimientos, especialmente el barbo, la boga o el sábalo; pero también, evidente, habría consumo de truchas, salmones o esturión, aunque esta teoría se mueve en el espectro de la especulación porque es difícil que se conserven las raspas de pequeño tamaño que posee la ictiofauna, o las de carácter cartilaginoso.

ANCAS DE RANA ENCEBOLLADAS
CON BERROS Y *CAELIA*

Ingredientes:
- — 300 g de ancas de rana.
- — 40 g de manteca de cerdo.
- — 100 g de cebolla.
- — 1 diente de ajo.
- — 100 g de cerveza de trigo o *caelia*.
- — 100 g de berros
- — Sal

Elaboración:
- — Calentar la manteca y agregar las cebollas en juliana y el ajo picado, pochar y añadimos las arcas de rana, doramos ligeramente y echamos la cerveza, reducir hasta que queden casi secas.
- — Poner en un plato y terminamos con las hojas de berro bien lavadas.

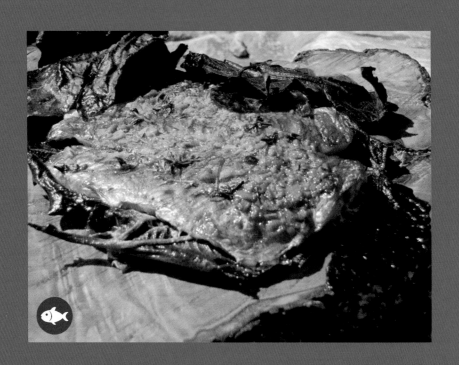

SALMONETE ASADO EN HOJAS DE HIGUERA CON SALSA DE ACEITUNAS Y GARO IBÉRICO

Ingredientes:
- — 1 salmonete grande (300-400 g).
- — Hojas de higuera (suficientes para envolver los salmonetes).
- — 40 g de garo ibérico (receta anterior).
- — 80 g de aceite de acebuchina.
- — 40 g de aceitunas verdes.
- — Tomillo fresco.
- — Hilo de cáñamo y sal.

Elaboración:
- — Deshuesar las aceitunas, poner en un mortero junto con el tomillo, majar hasta obtener una pasta, agregar el garo y mezclar.
- — Montar con el aceite a chorro fino y reservar.
- — Limpiar los salmonetes, sacar los lomos y quitar las espinas.
- — Lavar las hojas de higuera.
- — Sazonar los lomos y pinzar con la salsa de aceitunas y garo de forma abundante, colocar sobre las hojas de higuera y cubrir con más hojas, bridar con el hilo y poner directamente sobre las brasas, cubrir con más ascuas y cocinar entre unos nueve o diez minutos. Servir acompañado de más salsa

DORADA CON HINOJOS Y BRASSICA (COCCIÓN EN ARCILLA)

Ingredientes:
— 1 dorada de 1 kg.
— 1 kg de arcilla roja.
— 70 g de aceite de acebuchina.
— Flores y hojas de brassica.
— Tallos de hinojo fresco
— 6 g de semilla de Brassica (en su defecto mostaza antigua) y sal.

Elaboración:
— Estirar la arcilla y colocar en una placa, cubrir el fondo con hojas y flores de brassica e hinojo.
— Poner abundante sal en las agallas de la dorada, que debe estar sin limpiar y colocarla encima de la arcilla y las hojas. Aparte mezclamos las semillas y el aceite, pintamos el pescado de forma abundante y cubrimos con más brassica y los hinojos, tapamos con otra capa de arcilla, de manera que quede bien sellado.
— Enterramos en las brasas o cocinamos en horno cincuenta minutos a 220° C. Una vez cocinado golpeamos la parte superior y sacamos la pieza de arcilla de una pieza.
— Servimos sacando los lomos limpios y acompañado de los vegetales, también se puede acompañar con algo más de la mezcla de mostaza y aceite.

Existen diferentes tipos de brassica o mostaza salvaje, las hay amarilla, blanca o negra.

ATÚN MARINADO Y ASADO CON CEREZAS, ALMENDRAS Y QUESO FRESCO

Ingredientes:
- 500 g de lomo de atún rojo.
- 100 g de aceite de acebuchina.
- 1 diente de ajo.
- Comino machacado.
- Orégano fresco.
- 100 g de almendras fritas.
- 60 g dc vinagre viejo.
- 100 g de queso fresco de cabra.
- 150 g de cerezas sin hueso.

Elaboración:
- Cortar el lomo en tacos, aparte preparar una marinada con el aceite con el ajo machacado el comino y el orégano, dejar macerar al menos veinticuatro horas.
- Aparte calentar aceite y saltear las cerezas y las almendras picadas, desglasar con el vinagre y agregar el queso en dados fuera del fuego.
- Asar el atún en las brasas al gusto y servir acompañado de la salsa anterior

LENGUADO FRITO EN MANTECA DE CERDO CON ARVEJAS Y COLLEJAS

Ingredientes:
- 1 lenguado de 400 g
- 100 g de manteca de cerdo.
- 100 g de harina de espelta.
- 300 g de arvejas.
- 1 manojo de collejas.
- 50 g de aceite de acebuchina.
- Sal.

Elaboración:
- Poner a remojo las arvejas la víspera, al otro día poner a cocer con agua, sal y un poco de aceite. Cocer hasta que estén tiernas y con poco caldo.
- Limpiar el lenguado, desescamar y sacar los lomos, sazonar y pasar por harina; freír en la manteca de cerdo fundida a 165°C.
- Coger las hojas tiernas de las collejas y aliñar con aceite y sal, ya que las más tiernas se pueden comer crudas.
- Emplatar y terminar con un poco de aceite

CABALLA RELLENA Y COCIDA CON ESPLIEGO, TAGARNINAS Y JUGO LIGADO DE AVENA TOSTADA

Ingredientes:
- — 1 caballa de 400 g
- — 80 g de carne de cerdo picada
- — 1 huevo.
- — Semilla de hinojo.
- — 1 diente de ajo.
- — 30 g de queso fresco.
- — 1 manojo de tagarninas.
- — 50 g de aceite de acebuchina.
- — 1 rama de alhucema en flor.
- — 200 g de vino tinto.
- — Tomillo fresco.
- — 2 chalotas.
- — 40 g de harina de avena tostada.
- — Sal.

Elaboración:
- — Limpiar la caballa, sacando las tripas por las agallas, aparte hacer el relleno con la carne, la sal, el ajo picado, las semillas de hinojo molidas, dados de queso fresco y el tomillo, rellenar.
- — Envolver en un paño de lino y bridar con hilo cáñamo.
- — Aparte preparar un caldo con el vino, agua el espliego, la chalota pelada y la sal, cocer quince minutos y verter sobre la caballa en una placa, debiendo quedar el líquido dos cm por encima de la base. Cocinar veinte minutos a 175° C.
- — Limpiar las tagarninas y cocer en agua hirviendo hasta que esté tierna, saltear con aceite y sal y reservar.
- — Sacar la caballa y cortar en rodajas, aparte ligar el caldo con la avena tostada, cocer diez minutos, este caldo ligado se puede emplear para comer tipo gachas con pan o utilizarlo como salsa.
- — Servir el pescado acompañado de las tagarninas y la salsa.

PECES DE RÍO EN ESCABECHE CON CIRUELAS SECAS

Ingredientes:
- — 5 peces pequeños de rio (truchas, sábalos, bogas, barbos…).
- — 200 g harina de trigo integral.
- — 1 cebolla.
- — 1 puerro
- — 1 cabeza de ajos
- — 1 hoja de laurel.
- — 100 g aceite de acebuchina.
- — 100 g agua.
- — 100 g vinagre de vino manzana.
- — 100 g *Caelia*.
- — 1 ramillete de hierbas frescas.
- — 50 g Ciruelas secas
- — Sal.

Elaboración:
- — Limpiar el pescado de vísceras, aletas y escamas, enterrar unas cinco horas en sal.
- — Retirar la sal del pescado, enharinar y freír en al aceite, restirar y escurrir.
- — Picar el puerro y la cebolla en juliana, rehogar en la grasa, agregar las hierbas y la cabeza de ajos cortada a la mitad; cuando empiecen a dorar echamos todos los líquidos, las ciruelas y hervimos cinco minutos, en ese momento agregamos el pescado y cocinamos a fuego muy suave durante quince o veinte minutos.
- — Enfriar y conservar en el escabecha hasta su consumo; dejar mínimo veinticuatro horas.

SAN PEDRO HERVIDO CON VERDURAS Y TORTAS DE TRIGO

Ingredientes:
- 1 san pedro de 1 kg.
- 100 g torta de trigo (receta en el apartado de panes).
- 60 g cebolla
- 2 dientes de ajo
- 1 puerro
- 1 rama de apio.
- 60 g col.
- 100 g mantequilla
- 1 rama de tomillo.

Elaboración:
- Limpiar el pescado de tripas y reservar.
- Lavar la verdura y picarla finamente, rehogar en la mantequilla y agregar el pescado troceado con la raspa, dorar ligeramente, sazonar echar el tomillo y cubrir con agua. Cocinar diez minutos.
- Trocear las tortas de trigo, añadir al guiso anterior y cocinar unos diez minutos más. Servir.

CARNES DOMÉSTICAS Y DE CAZA

Igual que en las recetas de pescado, la prioridad sería conservarlas en época de abundancia para su futuro consumo, obstante las recetas que aquí representamos constituyen más las posibles combinaciones en festines y días de festejo, aunque empleamos técnicas y elaboraciones más propias del diario o la supervivencia como en el caso del conejo o la liebre cocinada durante horas en vino, frutos secos y miel. Aparte de los asados y emparrillados, directamente en leña, lo más frecuente serían las largas cocciones, quizás mixtas, de piezas de carne, con diferentes condimentos aromáticos, vino, leche o *caelia*, frutos secos, etc., con el fin de aprovechar el líquido de cocción como sopa o para gachas. En las recetas se empleaban algunas guarniciones, como se entienden hoy en día, para hacerlas más entendibles, pero siempre contextualizándolas y exponiendo este factor, ya que es difícil entender una forma diferente a la que conocemos, no solo en nuestro país sino en casi todo el mundo.

A este capítulo hay que añadirle, más aún, la dificultad de no saber a ciencia cierta el total de verduras y condimentos que se aplicaban en esta época, aunque hay algunas pinceladas, no solo en el ámbito arqueológico, sino en el documental, donde encontramos alusiones a los tipos de carne y vegetales empleado. Aunque hemos querido abarcar lo máximo en cuanto a tipo de carnes y sus técnicas de cocinado, hay algunas que se nos escapan hoy día y que, si aparecen en el registro arqueológico, tano en hogares convencionales, como en templos y con carácter ritual, como son las serpientes, lagartos ibéricos, tortugas, lobos u osos.

PESCADOS DE MAR Y RÍO

Seguramente en época de abundancia, lo más usado serían técnicas de conservación, tipo salazón, secado y ahumado, así como su empleo en la elaboración de garo ibérico, pero aquí nos referimos a las posibles técnicas de cocinado que se aplicarían en esa época. Siendo así, las más empleadas serían los asados y emparrillados en brasas. En este caso hemos intentado proteger la carne del pescado del contacto directo con el fuego, utilizando el método de su envoltura en barro, lienzo u hojas de higuera.

Pero la preparación más generalizada sería hervidos y/o cocidos, como se hacía en otras culturas de la época, utilizando posteriormente el caldo de cocción para elaborar sopas o gachas, obteniendo de este modo una especie de menú completo. Una técnica, perfectamente factible, es cocinarlos como se hacen hoy día los famosos espeto en Málaga. Otro método de conservación empleado serían los escabeches mezclados con hiervas y especias en sus diferentes versiones. Por eso, en algunas recetas empleamos una marinado previo para simular ese efecto del escabeche. Sin embargo. no sabemos a ciencia cierta, tanto en la elaboración de pescados como en la de carnes, las mezclas exactas que hacían o consumían, pero lo que está claro es que, como conocedores de su entorno, aprovecharían todos los ingredientes a su disposición, ya sea para elaborar cocina de supervivencia u otra más elaborada para festines o con carácter ceremonial.

CABEZA DE CABRA ASADA

Ingredientes:
- — 1 cabeza de cabra u oveja.
- — 40 g de grasa de cabra o cordero.
- — 3 dientes de ajo.
- — 1 rama de tomillo fresco.
- — 1 rama de romero fresco.
- — Sal.

Elaboración:
- — Limpiar la cabeza de restos de pelo y cortar a la mitad, sazonar y poner encima las hierbas y la grasa.
- — Cocinar directamente sobre las ascuas unos setenta minutos, o cuarenta y cinco minutos en horno a 190° C.
- — Servir tal cual o las partes comestibles (lengua, sesos y carrillada), limpias y por separado.
- — Se aconseja servir con una de las ensaladas antes expuestas.

PALOMA CONSERVADA EN GRASA CON MIJO Y ESPÁRRAGOS TRIGUEROS

Ingredientes:
- — 4 palomas.
- — 2 kg sal gorda.
- — 2 kg de manteca de cerdo ibérico.
- — dos ramas de romero, una rama de orégano y dos ramas de tomillo fresco.
- — cuatro dientes de ajo con piel.
- — 250 g de mijo pelado.
- — 70 g de aceite de acebuchina.
- — 2 l de leche de vaca cruda.

Elaboración:
- — Mezclar la sal con las hierbas, limpiar las palomas y enterrar en sal ocho horas; transcurrido este tiempo sacar y retirar la sal.
- — Poner al fuego la manteca y fundir junto con tres dientes de ajo, introducir la paloma y cocinar durante unas dos horas sin que hierva (80° C), debe de quedar tierna, pero no fibrosa y seca. Una vez cocinada dejar enfriar en la misma grasa y dejar en manteca una semana antes de consumirla.
- — Poner a cocer el mijo con la leche, la sal y un diente de ajo unos treinta minutos, una vez tierno sacar y agregar el aceite, mezclar y reservar en caliente.
- — Lavar los espárragos y asar en la brasa; sacar las palomas a consumir y dorar en las brasas.
- — Colocar en un plato el mijo, encima la paloma asada y los espárragos, terminamos con unas hierbas frescas y un poco de manteca fundida para dar brillo

LIEBRE ESTOFADA CON MIEL, VINO Y PIÑONES

Ingredientes:
- 1 liebre.
- 200 g de manteca de cerdo.
- 8 chalotas.
- 2 litros de vino tinto.
- 150 g de miel.
- 80 g de piñones pelados.
- 60 g de pasas
- Romero, tomillo, orégano fresco y sal.

Elaboración:
- Trocear la liebre, sazonar y untar con la grasa, asar en la brasa, pero solo para dorar.
- En una olla ponemos la liebre, el vino, la miel, las pasas y los piñones, agregamos las hierbas en un hatillo y la sal; dejamos cocer hasta que la liebre esté tierna y glaseada por la reducción del líquido.
- Aparte, asamos las chalotas con piel en las ascuas, con sal y grasa de cerdo y cuando estén tiernas las pelamos.
- Colocamos la liebre en el plato y acompañamos de las chalotas asadas.

CONEJO ASADO Y CONSERVADO EN ESCABECHE PRIMITIVO DE HIGOS

Ingredientes:
- — 1 conejo.
- — 1 cabeza de ajos.
- — 200 g de aceite de acebuchina.
- — 120 g de vinagre de higos.
- — Sal.

Elaboración:
- — Limpiar el conejo, partirlo en dos siguiendo la columna y asar en las brasas, sazonando, hasta que esté cocinado.
- — Poner en el mortero los ajos pelados, la sal y el tomillo, majar y agregar el aceite y por último el vinagre.
- — Trocear el conejo y sumergir en el escabeche. Dejar macerar al menos veinticuatro horas. Se puede comer tanto frío como templado.

TORO BRASEADO CON MOSTO DE MANZANA Y SOPA DE SU JUGO

Ingredientes:
- — 1 zancarrón de toro o buey.
- — 1 cabeza de ajos.
- — 2 cebollas.
- — 2 l de mosto de manzana.
- — 2 l de agua.
- — 1 rama de romero fresco.
- — 100 g de manteca de vaca.
- — 100 g de harina de cebada.
- — Sal

Elaboración:
- — Hacer un caldo con el mosto, el agua, la sal, las cebollas peladas, los ajos y la sal.
- — Asar el zancarrón entero con hueso, solo para dorarlo exteriormente. A continuación, lo ponemos en una bandeja de barro, ponemos las manzanas y el romero y tapamos, lo enterramos en las brasas por espacio de unas cuatro horas.
- — Servir la carne acompañada de las manzanas y las cebollas cocidas, ligar el jugo con la harina de cebada, hervir y servir como primer plato o aperitivo.

CIERVO ASADO CON PERAS E HIGOS SECOS

Ingredientes:
- — 1 contra de ciervo.
- — 2 dientes de ajos.
- — 3 peras.
- — 2 l de mosto de manzana.
- — 1 rama de tomillo fresco.
- — 1 rama de romero fresco.
- — 100 g de manteca de cerdo.
- — 100 higos secos.
- — 250 cl de vino tinto.
- — Sal.

Elaboración:
- — Bridar la carne, para que no se deforme, untar con la manteca, las hierbas frescas, la sal y los dientes de ajo machacados; dorar en la brasa y colocar en una bandeja de barro.
- — Poner las peras, los higos y el vino, tapar y enterrar en las brasas durante cuarenta minutos; la carne debe quedar poco hecha, cocinada a unos 65° C.
- — Servir la carne en lonchas acompañada de los higos y las peras, previamente peladas.

GALLO GUISADO CON PALMICHAS, PIÑONES Y CEBADA

Ingredientes:
- 1 gallo de corral.
- 200 g de harina de cebada.
- 3 rebanadas de pan de cebada.
- 2 cebollas.
- 80 g de piñones.
- 4 dientes de ajo.
- 100 g de palmichas secas sin hueso.
- 300 g de manteca de cerdo
- Sal.

Elaboración:
- Fundir la grasa y freír el pan y los ajos, majar en el mortero y reservar.
- Trocear y sazonar el gallo, enharinar y freír ligeramente en la manca. Sacar y agregar la cebolla cortada, rehogar hasta que esté transparente, añadir los piñones y las palmichas troceadas y cocinar cinco minutos.
- Echamos el pollo y cubrimos de agua; cocer hasta que esté casi tierno.
- Echar el majado y cocinar quince minutos más hasta que esté la salsa ligada y el gallo tierno. Servir.

CHULETAS DE CERDO IBÉRICO A LA BRASA, CHIRIVÍAS Y HOJAS

Ingredientes:
- Chuletas de cerdo (carré sin cortar).
- Tocino ibérico.
- Hiervas frescas.
- 1 diente de ajo.
- 150 g mantequilla.
- Sal.
- 3 chirivías.
- 45 g miel.
- 30 g vinagre.
- Hojas amargas (lechuga silvestre o similar)

Elaboración:
- Cortar las chuletas de dos en dos sin separarlas, hacer una incisión entre las dos costillas y meter una tira de tocino.
- Aparte fundir la mantequilla y mezclar con las hierbas y el ajo previamente machacados.
- Encender las brasas y enterrar las chirivías, asar hasta que estén totalmente tiernas. Ponerlas en un mortero o similar y trabajas junto con la miel y el vinagre, sazonar y aún calientes mezclar con las hojas de lechuga troceadas.
- Poner a asar las chuletas al fuego e ir pintado regularmente con la mezcla de mantequillas.
- Servir las chutas sobre el puré y se puede acompañar de algo más de mantequilla.

CORDERO GUISADO EN LECHE, VERDURAS Y HIERBAS AROMÁTICAS

Ingredientes:
- 2 kg de cuello y falda de cordero.
- 1 cabeza de ajos
- 8 cebollas francesas o chalotas.
- 1 rama de apio.
- 1 chirivía.
- 2 l leche de oveja.
- 80 g harina de avena.
- 80 g mantequilla de oveja.
- Hierbas frescas,
- Sal.

Elaboración:
- Fundir la grasa en una cazuela, dorar la carne troceada y sacar; aparte trocear la chirivía, la cabeza de ajos a la mitad, las cebollas peladas y la rama de apio y agregar a la grasa y cocinar hasta que doren.
- Volver a incorporar la carne, y las hierbas hechas un hatillo y a continuación la harina. Mezclar bien, cubrir con la leche (la justa para cubrir) y sazonar.
- Hervir cinco minutos, tapar y enterrar en las ascuas una hora y media aproximadamente.
- Sacar y servir la carne con el líquido de cocción y las verduras.

JABALÍ AL HORNO CON ALMORTAS Y SETAS

Ingredientes:
- Una pierna pequeña de jabalí.
- 4 cebollas.
- 1 calabaza vinatera tierna (*lagenaria*).
- 1 cabeza de ajos.
- Romero y tomillo frescos.
- 200 g manteca de cerdo.
- 300 ml *Caelia*.
- Sal.

Ingredientes para las almortas
- 200 g almortas.
- 1 puerro grande.
- 100 g setas de temporada.
- 50 g mantequilla.
- 2 dientes de ajo.
- 1 hoja de laurel.
- 2 yogures tipo griego sin azúcar.
- Comino y menta.
- Sal.

Elaboración del jabalí:
- Trocear la verdura y poner en el fondo de una cazuela grande, sobre estas la pierna, sazonada, las hierbas, la manteca y el caelia. Tapar e introducir en el horno 2 horas a 120°C, vigilando que no se quede seco, si falta agregar un poco de agua (siempre debe haber unos 3 cm de líquido en el fondo; transcurrido este tiempo, destapara y terminar de cocina unos 45 minutos a horno fuerte hasta que dore (180°C).

Elaboración de las almortas:
- Poner en remojo la víspera. Al otro día poner a cocer con el agua, la sal, el puerro y un diente de ajo picado y el laurel (el tiempo de cocción es similar a los garbanzos).

- —Cuando estén casi tiernas agregar las setas troceadas.
- —Aparte hacer una salsa con un ajo machacado, la menta picada, el comino y los yogures.
- —Servir la pierna de jabalí con las verduras y el jugo de su cocción, y a parte un cuenco con las almortas escurridas y las sal de yogur por encima.

PASTEL DE CABALLO CON CEBADA, QUESO Y MENTA

Ingredientes:
- —300 g carne de potro picada a cuchillo
- —100 g hígado de cerdo
- —100 g harina de cebada.
- —1 huevo.
- —100 g queso fresco o cremosos.
- —½ cebolla
- —1 diente de ajo.
- —80 g mantequilla.
- —30 g piñones
- —30 gr uvas pasas.
- —Sal, comino, menta.

Elaboración:
- —En una cazuela, ponemos a fundir la mantequilla, agregamos el ajo y la cebolla picada, las pasas y los piñones rehogamos unos veinte minutos y reservamos.
- —Mezclamos la carne picada con el hígado picado y el queso, la harina y el huevo hasta obtener una masa homogénea, sazonamos y agregamos la menta y el comino molido. Dejar reposar un par de horas.
- —Ponemos en una olla o recipiente de barro, previamente engrasado con tocino, vertemos la mezcla y cocinamos tapado unos noventa minutos a 170° C.
- —Se puede servir tibio o frio.

RABO DE BUEY CON COLES, APIO Y CEBOLLAS

Ingredientes:
- 1 pieza de rabo de buey troceado.
- 10 chalotas
- 2 ramas de apio verde.
- 100 g manteca de cerdo o vaca
- 6 dientes de ajo
- 150 g harina de avena
- Romero, tomillo y orégano fresco.
- 80 g de miel.
- 1 l. vino tinto
- ½ pieza de col.

Elaboración:
- Sazonar el rabo de buey, pasar por la harina y freír en la manteca, retirar.
- Agregar los ajos pelados y machacados, las chalotas peladas, el apio troceado y las hierbas en ramillete, rehogar hasta que coja color, echar el rabo, la miel, el vino tinto y las pasas, cocinar hasta que esté casi evaporado y cubrir con agua y cocinar tapado y cubierto de ascuas.
- Cuando esté casi tierno echar la col troceada y terminar de cocinar.
- Servir el rabo acompañado de las verduras y con bastante salsa.

Esta receta también sirve para otras carnes que no sean rabo, como carrillada, jarrete, etc., tanto de buey como de ternera o incluso cerdo.

POSTRES

Los postres, como tales, serían la fruta y los frutos secos en su mayoría, tanto en fresco como en seco, además del queso, otros productos lácteos y la miel, parte esta última fundamental ya que es el único edulcorante conocido en esa época, y cuyo empleo es fundamental para elaborar un postre como lo entendemos hoy día, así como el uso del mosto de algunas frutas como la uva o la manzana. Hay postres como la tarta de queso de cabra, los frutos secos cocidos en *caelia* con miel, o la manzana con vino de lentisco que aúnan diferentes elementos de este periodo participando, casi a partes iguales, en la cocina y conservación de alimentos. Otra tarea que parece probable es la elaboración de gachas dulces a partir de zumos de frutas y miel, porque posiblemente conocían la técnica de hacer arropes y subproductos procedentes de la apicultura. En este apartado de las recetas encontramos una interpretación de recolección y temporalidad interpretada por los calostros y los frutos rojos, describiendo así la culinaria de estos pueblos. Aunque hay textos donde se referencia la bellota como concepto de postre entre los iberos, lo que nos hace teorizar sobre la posibilidad, muy definida, de que ya tenían asimilada la utilización de elementos más o menos dulces, para la terminación de los menús.

GACHAS DE MOSTO, UVAS Y MIEL

Ingredientes:
- 1 l de mosto de uva.
- 170 g de harina de espelta.
- 150 g de manteca de cerdo ibérico.
- 100 g de miel.
- 100 g de uvas.

Elaboración:
- Fundir la grasa y agregar la harina. apartar del fuego.
- Aparte, hervir el mosto con la miel, verter en caliente sobre la roux anterior fría y mover hasta obtener una pasta homogénea.
- Servir acompañado de las uvas, un poco de miel y pudiéndosele añadir unos costrones de pan frito.

PASTEL DE QUESO DE CABRA E HIGOS FRESCOS

Ingredientes:
- — 4 yemas de huevo.
- — 250 g de queso de cabra (mejor tipo rulo).
- — 125 g de yogur tipo griego.
- — 300 g de miel de romero.
- — 125 g de leche.
- — 125 g de nata.
- — 100 g de harina de escanda integral.
- — 100 g de nueces peladas.
- — Ocho o diez higos frescos.

Elaboración:
- — Mezclar en un bol todos los ingredientes, excepto las nueces y los higos.
- — Cuando la mezcla esté cremosa echamos las nueces picadas y vertemos sobre un molde encamisado (forrado con mantequilla y harina).
- — Metemos en horno precalentado cincuenta minutos a 150° C, sacar y enfriar a temperatura ambiente.
- — Servir cubierto de higos frescos y regada con miel.

FRUTAS Y FRUTOS SECOS EN COMPOTA DE MIEL Y CAELIA

Ingredientes:
- 1 l de *caelia* o cerveza de trigo tipo turbia.
- 250 g de miel.
- Unas flores de alhucema.
- 150 g de higos secos.
- 100 g de ciruelas secas.
- 80 g de pasas.
- 100 g de nueces.
- 80 g de avellanas.
- 100 g de almendras.
- 80 g de piñones.

Elaboración:
- Poner todos los ingredientes en una olla y llevar a ebullición.
- Cocer hasta obtener la consistencia de una compota, dejar enfriar. Consumir.
- Dentro de un recipiente tapado y cubierto por el líquido de cocción, pude conservarse bastante tiempo.

MANZANAS COCIDAS EN VINO DE LENTISCO Y MIEL

Ingredientes:
- 4 manzanas.
- 300 g de miel.
- 4 l de mosto de uva tinta, recién fermentado.
- 1 rama tierna de lentisco con hojas y frutos.
- Algunos frutos rojos.
- Un trozo pequeño de almaciga (opcional).

Elaboración:
- Poner el lentisco en un mortero y machacar, ligeramente. Aparte reducir el mosto a la mitad; moler también en el mortero la almaciga y echar a la mezcla, agregar el lentisco y cocer hasta que reduzca un tercio, dejar reposar al menos veinticuatro horas.
- Pelar las manzanas, descorazonar y cortar en cuartos, poner a cocer con el vino y la miel, hasta que estén tiernas. Enfriar y servir.
- Conservar dentro del líquido de cocción.

Se le atribuyen propiedades astringentes, además de tonificar el estómago y estimular el apetito. También se empleaba para mascar y limpiar dientes y encías.

FRUTAS DEL BOSQUE Y CALOSTROS DE VACA

Ingredientes:

— 500 g de calostros de vaca (un día de ordeño después del parto).
— 100 g de miel de flores.
— 300 g de frutas del bosque variada según temporada (frambuesas, moras, arándanos, grosellas, madroños…).

Elaboración:

— Colar los calostros y poner en una olla. Cuando esté a 40° C, agregar la miel y poner al fuego, cocinar sin parar de mover hasta que espesen (unos 80° C), si hierven o pasan de los 85° C se cortaran y quedaran con muchos grumos y una textura excesivamente arenosa.
— Verter en el recipiente donde vayamos a servirlos. Se pueden consumir tanto frío como calientes.
— Poner los frutos del bosque encima y servir.

MASA FRITA CON ARROPE

Ingredientes:
- — 300 g harina integral de avena
- — 80 g manteca de cerdo
- — 80 g hidromiel
- — 50 g arrope de miel
- — 6 g semilla de hinojo.

Elaboración:
- — Derretir la manteca y freír las semillas, escaldar sobre la harina y agregar el hidromiel, amasar hasta conseguir una masa suave y dejar reposar hasta que entibie.
- — A continuación, estirar lo más fino posible y freír en manteca hasta que dore; escurrir y bañar con el arrope.

Es una receta muy similar a la que se hace hoy día para este tipo de elaboraciones, como pestiños, roscos, etc. El arrope al que nos referimos es el subproducto de cocer los panales en agua para extraer la miel residual y que luego se reduce hasta obtener una textura de jarabe o caramelo oscuro.

A continuación, ponemos una breve guía de términos culinarios, para una mejor comprensión de las recetas, así como una tabla de alérgenos, para una mayor comprensión de estas.

TÉRMINOS CULINARIOS

— Abierto: Se aplica al arroz cuando se hincha hasta el punto de reventar, obteniendo una preparación emplastada.

— Abrillantar: Pintar un alimento con grasa, miel u otro preparado para darle brillo y mejorar su aspecto.

— Aderezo: Condimentos varios para una elaboración.

— Adobo: Caldo compuesto por vinagre o vino, especias y hiervas. En este preparado se sumergen los géneros para su conservación hasta su posterior uso, generalmente frito.

— Acanalar: Hacer estrías en el exterior de un género con la ayuda de un acanalador, con el fin de decorarlo o facilitar su cocinado.

— Acetato: Material plástico que se comercializa en láminas o tiras, utilizado para forrar moldes o confeccionarlo. Se suele utilizar para el chocolate, ya que le transfiere un brillo y apariencia característicos.

— Agar-agar: Alga mucilaginosa de origen japonés de la que se extrae una gelatina en polvo del mismo nombre.

— Agarrarse: Se dice así cuando una salsa, crema, fondo u otro preparado se pega al fondo y paredes del recipiente por efecto del calor, transfiriendo a los alimentos un olor y sabor desagradable.

— Ahumar: Exponer las carnes o pescados al humo para darles un sabor especial y prolongar su conservación.

— Aire: Textura que se le da a algunos preparados líquidos añadiéndole aire y en algunos casos algunos emulgentes.

—Albardar: Cubrir un alimento con lonchas delgadas de tocino o beicon, con el fin de que no se resequen durante la cocción.

—Al natural: Se dice de un alimento, crudo o cocinado, sin aliño.

—Aliño: Lo mismo que aderezo.

—Amasar: Mezclar los varios ingredientes que componen una masa para conseguir una preparación homogénea, ya sea a mano o con la ayuda de una amasadora.

—Armar: Preparar un ave para asar, ya sea atando o cosiendo sus miembros con hilo de bramante, con el fin de que no se deforme durante la cocción, tenga mejor presentación y facilite su trinchado.

—Asar: Cocinar un alimento a alta temperatura, generalmente en el horno o sartén.

—Aspic: Fiambre hecho a base de filetes de carnes, pescados o similar, adicionados de condimentos y aromáticos, cubiertos con gelatina transparente y cuajados en moldes específicos.

—Asustar: Cortar el hervor de un líquido mediante la adición de agua fría o hielo.

—Atemperar: Poner un alimento a la temperatura deseada, generalmente se usa para el chocolate, consiguiendo un brillo y apariencia perfectos, ya que se evita una separación química de sus componentes.

—Bañar: Cubrir con gelatina una preparación. También se conoce así a pintar con un pincel y huevos elaboraciones de pastelería, aunque por extensión es lustrar un género con una preparación más o menos líquida.

—Baño maría: Modo especial de cocción que se emplea para aquellas preparaciones que no deban hervir. La operación se realiza poniendo el preparado en un recipiente y este dentro de otro mayor que contenga el agua caliente.

— Bardas: Lonchas muy delgadas, generalmente de tocino o beicon, de diferentes tamaños según el uso. Se utilizan para albardar encamisar.

— Barón: Nombre que recibe la pieza que comprende los dos cuartos traseros del cordero.

— Bisque: Crema preparada con un puré de cangrejos de río y las colas de estos; originariamente era una sopa de pollo.

— Blanquear: Cocer en agua hirviendo un género con el fin de quitarle el amargor, mal color debido a la sangre o facilitar su posterior cocción. Es un sistema muy empleado para la casquería.

— Bolear: Dar forma de bola a una masa, generalmente pan, apretándola y girándola entre la palma de las manos y la mesa, procurando no hacer demasiada fuerza y dejando la pella o junta en la parte inferior, con el fin de dar forma y que la conserve después de la fermentación.

— Bouquet: Voz francesa que se utiliza para designar un manojo de hierbas, y por extensión a cualquier verdura o ensalada puesta en forma de pequeño montoncito. El más clásico de estos manojos es el «bouquet-guarní», compuesto por un atadillo de hierbas aromáticas y verduras (apio, hinojo, zanahoria, tomillo, perejil y laurel), usado para aromatizar caldos, sopas, etc.

— Boquillas: Instrumento cónico, actualmente de plástico, que se adapta a la manga pastelera, que en su abertura inferior pude tener diferentes motivos (lisas, acanaladas, en estrella, para hojas, etc.).

— Bramante: Hilo utilizado en cocina para bridar.

— Brasear: Cocer en horno suave dentro de un caldo corto, generalmente carne o pescados, utilizando un recipiente especial llamado brasera.

— Bresa: conjunto de verduras cortadas groseramente y asadas al horno, que se utilizan para aromatizar caldos, jugos, etc.

—Bridar: Coser o atar un ave para armarla, generalmente con hilo de bramante.

—Broqueta o brocheta: Aguja o varilla para asar pequeños trozos de carne, ensartándolos en ella e intercalando diversas guarniciones.

—Brunoise: Término francés que designa un corto de uno a tres cm de grueso, generalmente aplicado a verduras.

—Calar: Regar una masa batida después de cocinada (bizcochos, etc.), con un jarabe o «punch» para que quede más tierno.

—Caldo: Alimento líquido, más o menos concentrado, que se obtiene por cocción en agua de carnes, huesos, raspas, etc. acompañado de verduras y aromático.

—Caldo corto: Caldo compuesto de agua, hortalizas, aromáticos y vino o vinagre, utilizado para cocer o blanquear carnes o pescados.

—Canal: Res sacrificada, desangrada y limpia.

—Cantear: Cubrir los bordes de una tarta o similar con un preparado como nata, virutas de chocolate, etc.

—Caramelo: Punto que alcanza el azúcar al fundirse, consiguiendo un color ambarino. Si se deja caramelizar en exceso toma un olor acre y sabor amargo, además de un color oscuro, usado a veces como colorante.

—Carbonada: Carne troceada y cocida para asar o emparrillar; también se denomina a un guiso elaborado con cerveza.

—Cincelar: Cortar finamente hortalizas, dándole forma de filamento. También se llama así a hacer incisiones poco profundas en un pescado para facilitar su cocinado.

—Clarificar: Operación que tiene por objeto hacer límpidas las gelatinas, caldos, jugos y mantequillas, utilizando principalmente alimentos ricos en albúmina como la clara de huevo, la sangre, etc.

—Clavetear: Incrustar en una carne o tradicionalmente en una lengua trozos de trufa con la ayuda de una aguja de madera. Por extensión también se conoce con este nombre a incrustar clavos de olor en un alimento, generalmente cebollas y grandes piezas de carne.

—Cocción al vacío: Proceso al que se someten los alimentos tras su envasado, con el fin de cocinarlos y alargar considerablemente su conservación.

—Cocotera: Adaptación de la voz francesa cocotte, que es una cazuela de barro refractario, utilizada para huevos generalmente. Existen de diversos tamaños.

—Concassé: Voz francesa que significa tomate picado gruesamente, aunque también se emplea para el hielo y el azúcar.

—Concentrar: Reducir un líquido, jugo o puré por evaporación.

—Confitar: Cocer un alimento en un jarabe para obtener una confitura. También se conoce así a cocinar un alimento sumergido en grasa a baja temperatura (unos 70° C.).

—Congelar: Someter un alimento o preparación a la acción del congelador, es decir, a una temperatura lo suficientemente baja para conseguir una rigidez absoluta.

—Cordón: Adorno en forma de cordón para decorar un plato.

—Cortado/a: Se dice que una salsa, preparado o emulsión se cortan cuando se separan sus ingredientes, generalmente la parte grasa de la acuosa.

—Corteza: Parte exterior y dura de frutas, quesos, pan, etc.

—Costrón: Trozo de pan frito o tostado que suele ser de forma triangular o cuadrado que se usan para montar o guarnecer distintos platos.

—Coulis: Término francés que significa jugo concentrado de tomates. Si se trata de otro fruto se complementa la voz con el nombre de este.

—Crepineta: Velo o tela natural que cubre los estómagos de corderos y cerdos, que se utiliza para envolver las propias reses tras su sacrificio u otros géneros para darle forma y evitar que se resequen durante el cocinado.

—Cristalizar: Textura y apariencia que adquieren algunos alimentos y preparados por medio de la adición de azúcar y un secado si procede.

—Crocant: Mezcla de un caramelo tradicional y frutos secos.

—Crocant líquido: Tipo de crocant, que varía del anterior en el porcentaje de azúcares, que se escudilla con manga y al que se le puede dar forma tras su horneado.

—Crujiente: Textura que adquieren algunos géneros tras su secado en el horno, por someterse a la acción de una fritura o tras la realización de una masa específica y su posterior horneado.

—Cuajar: Espesar caldos, cremas u otras preparaciones hasta solidificarlas.

—Cubrir: Verter sobre una preparación salsa o crema hasta que quede cubierto.

—Chantilly: Nata montada con azúcar.

—Chamuscar: Quemar las plumas, espolones o pelo de las aves y carnes pasándolas directamente por la llama. La mejor para este fin es la de alcohol, ya que no ahúma.

—Chifonada: Adaptación del francés que designa a la lechuga o acedera picada en juliana y pochada en mantequilla, sin ningún otro elemento, se emplea para sopas y se pone en el momento se servir.

—Dados: Forma cúbica, más o menos grandes de una guarnición.

—Decantar: Dejar un líquido en reposo, con el fin de trasegarlo sin que pasen los posos.

—Desalar: Retirar la sal sobrante de algunos alimentos, conservados por el método de salazón, normalmente por inmersión en agua.

—Desbrozar: Quitar la parte no comestible de una verdura.

—Desecar: Secar alimentos cortados en láminas en el horno a baja temperatura o en una secadora especial con el fin de obtener un crujiente o un polvo.

—Desengrasar: Quitar la grasa de una preparación, después o durante la elaboración.

—Desglasar o deshelar: Recuperar la grasa o jugos caramelizados de la placa de asar, utilizando vino y rascando con una espumadera o similar, para posteriormente añadir a un jugo o salsa.

—Despojos: Cuellos, alones y estómagos de las aves; vísceras, sesos, intestinos, etc. de las reses de matadero, y, de modo general, de todos los subproductos de la matanza.

—Dorar: Dar a los alimentos un bonito color amarillo tostado. Puede hacerse en sartén, placa, al fuego, en horno, etc.

—Duxelles: Voz francesa con la que se designa un picadillo o relleno de setas y paté.

—Empanar: Pasar un alimento, antes de freírlo o cocerlo, por huevo batido y pan rallado o miga de pan rallado.

—Empanizar: Acción por la que el azúcar de un caramelo se hace grumos y adquiere textura arenosa.

—Emparrillar: Asar carnes, pescados u hortalizas, sobre parrillas puestas al fuego.

—Emulsionar: Acción por la que las materias grasas de un compuesto retienen el aire y montan, o una materia grasa se une a un líquido mediante la incorporación de un tercero que contenga alguna sustancia tensioactiva (leche, huevos, ajo, gelatinas, etc.).

- Encamisar: Forrar moldes con mantequilla y harina para evitar que se pegue la masa que se va a cocer en él.
- Engrasar: Untar con mantequilla, manteca o grasa cualquier recipiente con el fin de que no se adhieran a las paredes o fondos de estos.
- Enharinar: Pasar por harina un género antes de freírlo o rehogarlo.
- Emplatar: Poner una preparación terminada en un plato con el fin de presentarla al cliente.
- Enriquecer: Acentuar el sabor de un fondo caldo o consomé, añadiendo más carne a los mismos, partiendo de caldos concentrados o reduciendo la propia salsa.
- Envasar: Poner un alimento, género o preparación dentro de una bolsa especial para su envasado en la máquina de vacío, para alargar su conservación, facilitar su cocinado o mejorar el marinado.
- Escaldar: Sumergir un género en agua hirviendo durante unos segundos para ablandarlas, mondar con mayor facilidad o mejorar su sabor y aspecto.
- Escalfar: Cuajar un manjar en agua hirviendo o en cualquier otro líquido, terminando la cocción fuera del fuego directo. Se emplea principalmente para huevos y «quenelles»; también se escalfa un pescado poniéndolo en agua y retirándolos al primer hervor.
- Escudillar: Echar con una manga pastelera un preparado sobre una placa, silpat, molde, etc.
- Espalmar: Disminuir el grosor de un alimento, generalmente carne y pescados, por medio de aplastamiento con la ayuda de una espalmadera.
- Espolvorear: Cubrir un preparado, o parte con azúcar glas, perejil picado, queso rallado, harina, etc.
- Espuma: Textura que se le da a algunos preparados con la ayuda de un aparato conocido como «sifón».

—Espumar: Retirar cuidadosamente con la espumadera o cazo las impurezas de una salsa o caldo, hasta dejarlos perfectamente limpios.

—Esquinar: Cortar una res en dos siguiendo su espina dorsal.

—Estabilizante: Preparado industrial que se utiliza para que los elementos líquidos y grasos generalmente de un mix no se separen, es decir, para estabilizar el mix.

—Esterilizar: Dejar un alimento libre de microorganismos tras someterlo a un proceso de subida de temperatura durante un tiempo considerable, y un rápido enfriado; es la técnica que se suele usar para las conservas caseras, aunque hay que extremar las precauciones, ya que una conserva mal esterilizada puede llegar a matar a quién la consuma (botulismo).

—Estofar: Cocer un alimento con poco o ningún líquido en un recipiente cerrado.

—Estovar: Rehogar.

—Exprimir: Prensar carnes, hortalizas, frutas, etc. envolviéndolas en una estameña para extraerles el agua o jugo. También se llama así a extraer el zumo de frutas y verduras por medio de un exprimidor o licuadora.

—Faisandaje: Técnica que se utilizaba para ablandar las carnes de caza, que consistía en dejar a los faisanes u otras aves colgados del cuello hasta que este se partía.

—Farsa: Ingredientes diversos, picados y mezclados, para relleno, albóndigas, patés, quenelles, galantitas, etc.

—Fermentar: Acción biológica que consiste en la reproducción de microorganismos en un preparado alterando su aroma color y sabor, ya sea por una mala conservación o por la adición de mohos y levaduras.

—Filete: Trozo de carne o pescados cortado finamente en forma de lámina.

—Film: Plástico transparente, especial para alimentación, que se utiliza para cubrir recipientes y alimentos con el fin de que no cojan olores y sabores desagradables y de no provocar una contaminación cruzada.

—Filmar: Tapar con film.

—Finas hierbas: Conjunto de tomillo, laurel, tomillo, estragón, etc., que se utiliza para aromatizar guisos.

—Flexipan: Moldes flexibles utilizados tanto para elaboraciones frías como par calientes, ya que aguantan las altas temperaturas.

—Fondo de alcachofa: Cogollo o parte tierna de las alcachofas.

—Fondo de cocina: Caldo de huesos de ternera o cualquier otro animal para añadir a otros platos y confeccionar salsas.

—Fondo de pastel: Masa extendida finamente para forrar molde para tartas, tartaletas, patés, etc.

—Forrar: Barnizar un molde u otro recipiente con una fina capa de picadillo con el fin de envolver otros géneros.

—Fumet: Voz francesa que se aplica a los caldos más o menos concentrados en el que se han cocido pescados o mariscos, aunque también se aplica a trufas, setas, etc.

—Fundir: Someter un alimento sólido a la acción del calor para pasar a estado líquido.

—Gelatina: Sustancia incolora y transparente por cocción de huesos de animales, una vez enfriada y clarificada. También sustancia industrial que se conoce con el nombre de «colas de pescado», también se obtiene a través de algas como el «agar-agar».

—Gelificar: Añadir gelatina a un líquido para darle textura de sopa, crema o totalmente sólido.

—Glasear: Rociar las viandas con su jugo y meterlas en el horno para abrillantarlas.

—Grado: Densidad del jarabe (su contenido en azúcar y no su temperatura). Para medir el grado se emplea un pesajarabes.

—Granulado: Se dice cuando una masa o salsa presenta un aspecto grumoso.

—Gratinar: Someter a la acción del horno o salamandra alguna preparación con el fin de obtener una costra dorada.

—Grumos: Estado de algunas salsas, consecuencia de la mala disolución de las ligazones.

—Helar: Someter un mix a la acción de la sorbetera o mantecadora.

—Heñir: Bolear.

—Homogeneizar: Poner el mix en una homogeneizadora, con cl fin dc aplastar las moléculas de grasa y conseguir un sabor uniforme.

—Incisión: Cortar muy superficialmente las viandas para que no se abran al cocerlas o para facilitar su cocinado si son demasiado gruesas.

—Infusionar: Extracción los principios activos de algunas plantas, mediante agua hirviendo, alcohol u otro solvente.

—Impregnar: Tocar ligeramente un alimento con algún tipo de aroma para aportarle complejidad sin anular el olor y sabor original.

—Juliana: Corte en tiras finas y alargadas.

—Lacar: Cubrir un género con gelatina, fondant, etc. para darle brillo o una costra crujiente.

—Lamas: Lonchas rodajas muy finamente cortadas.

—Lecho: Sinónimo de capa en la confección de una pasta o de cualquier otro preparado, cuyos elementos separados se superponen. Pero, principalmente referido a la primera capa o base.

— Levantar: Poner una salsa, fondo o sopa al fuego para que hierva y así hacerla higiénicamente apta para el consumo.

— Limpiar: Dejar perfectamente limpio un pescado, una carne, un ave, etc., eliminando las partes nerviosas, pieles, grasas, escamas, espinas, etc.

— Liofilizar: Extraer el líquido de un alimento mediante frío.

— Macerar: Poner en un líquido frío algunas sustancias cuyos principios se quieran extraer.

— Madurar: Técnica consistente en dejar el mix de un helado de cuatro a veinticuatro horas en la nevera con el fin de conseguir un sabor uniforme y un hinchado indispensable del estabilizante. También se aplica al tiempo que necesitan algunas carnes para conseguir su sabor y texturas características.

— Mantecar: Helar

— Mantequilla amasada: Mezcla de mantequilla y harina en partes iguales, finamente amasada. Se emplea para ligar rápidamente algunas salsas.

— Mantequilla noissette: Mantequilla fundida y tostada, hasta llegar al punto de aroma y color de avellana.

— Mantequilla pomada: Mantequilla ligeramente atemperada con la ayuda de las manos hasta conseguir una textura parecida a la de una pomada.

— Marinar: Poner en remojo carnes o pescados en un líquido más o menos condensado (vino, zumo de limón, etc.); también se utiliza con finas hierbas y especias. La caza se marina para alargar su conservación y que quede más tierna. Se marina tanto en frío como en caliente.

— Mechar: Introducir tiras de tocino o jamón en el interior de una carne o pescado con el fin de que quede más jugosa, con la ayuda de una aguja mechadora. También es atravesar de lado a lado las piezas, por medio de una incisión.

—Micronizado: Preparado industrial de pescado triturado al que se le da forma de pequeñas bolas parecidas al caviar.

—Mirepoix: Conjunto de verduras y finas hierbas cortada en grandes trozos, rehogados en manteca o aceite, y usado para enriquecer el sabor de fondos, Aarhus, etc. Por extensión se denomina así a contar cualquier género en grandes trozos.

—Mix: Mezcla de todos los ingredientes que forman un helado antes de turbinarlo.

—Mojar: Añadir la cantidad de líquido necesario, agua, vino, caldo, etc. a cualquier guiso.

—Mondar: Quitar las pieles de frutas, verduras, etc.

—Montar: Batir enérgicamente las claras de huevo, yemas, nata, etc. con varillas manuales o eléctricas, con el fin de que retengan partículas de aire y adquieran una textura relativamente aérea.

—Mortificar: Dejar que las carnes se enternezcan por tiempo y reposo.

—Napar: Cubrir una tarta, pastel, pudding, tortilla, etc., con un preparado lo suficientemente espeso para que permanezca en forma de fina capa, se suele napar con la ayuda de una paletina o espátula.

—Pan rallado: Pan secado al horno, molido y tamizado. Se utiliza para empanar o gratinar; el pan rallado blanco se obtiene de la miga de pan seca y tamizada.

—Pasar: Hacer que pasen salsas, verduras, frutas, etc., por un pasapurés, tamiz o colador.

—Pasteurizar: Método utilizado para dejar los alimentos casi libres de microorganismos, alargando así su vida útil. Existen dos métodos: la alta pasteurización y la baja pasteurización.

— Pelar: Quitar la piel de frutas y verduras.

— Pegar: Unir, para soldarlos, los bordes de una pasta. También se dice cuando un guiso se agarra.

— Pesajarabes: Instrumento de cristal, parecido a un termómetro, especialmente concebido para dar el contenido de azúcar de un jarabe, indicando así su densidad.

— Pesar: Medir la masa de cualquier producto a través de un peso o báscula.

— Picadillo: Farsa.

— Policarbonato: Material de plástico transparente utilizado para la confección de bombones y figuras de chocolate.

— Praliné: Pasta de frutos secos obtenida por medio de la mezcla de azúcar, grasa (aceite de girasol, de nueces, etc.) y frutos secos.

— Preparar: Disponer las carnes o pescados para guisarlos o darles la forma más conveniente.

— Pulpa: Parte más jugosa y apreciada de determinadas frutas y verduras.

— Punch: Almíbar hecho junto con alguna especia, que se usa para calar bizcochos, potenciando así su sabor y proporcionándole jugosidad.

— Punta: Pequeña cantidad de sal o especia que se adiciona a un guiso, tomando como mediada la punta de un cuchillo o el extremo del mango de una cuchara.

— Punto: Cocción ideal de los alimentos cocinados.

— Purificar: Acción de quitarle a la mantequilla por medio de calor el agua que contiene dejando así solo la materia grasa.

— PVC: Material plástico utilizado para la confección de moldes de cocina y pastelería.

—Raja: Cada una de las tajadas redondas y gruesas que se dan a un pescado grande, aunque sirven también para todo tipo de géneros.

—Recortes: Restos de cualquier género o preparado antes o después de la cocción.

—Rectificar: Poner un preparado a punto en el último instante.

—Reducir: Concentrar o espesar un fondo, crema o salsa mediante una cocción prolongada.

—Rehogar: Cocinar una vianda a fuego lento, tapada y sin agua, para que se cocine con solo con grasa.

—Rociar: Rociar una carne u otro producto con su propio jugo o grasa.

—Rodaja: Loncha cortada transversalmente, de cualquier producto.

—Roux: Voz francesa que se aplica a un preparado hecho de harina y grasa (50%), cocido al fuego y que se utiliza para ligar y espesar todo tipo de salsas.

—Sabayón: Crema cuyo ingrediente base es la yema de huevo y la nata, se pude cocinar al baño María o bien añadida al final para suavizar cremas.

—Salazón: Técnica de conservación consistente en enterrar un alimento en sal. Algunos de los alimentos necesitan desalado y otros no.

—Salmuera: Solución de sal, agua y algún elemento aromático, utilizado para salar carnes o pescados. En algunas ocasiones se le puede agregar azúcar.

—Salpicón: Picadillo de carne, pescado, frutas o verduras, utilizado para el relleno de croquetas, empanadillas u hojaldres.

—Salpimentar: Sazonar.

—Salsear: Poner sobre un género o en el plato la cantidad deseada de salsa.

—Saltea: Cocinar un alimento a fugo vivo, con grasa y sin caldo, haciéndolos saltar constantemente para evitar que se peguen o tuesten.

—Sazonar: Realzar el sabor natural de los alimentos por medio de la adición de sal, pimientas, u otros condimentos.

—Sudar: Poner un alimento al fuego en un recipiente cerrado para extraerle su jugo y que se cocine con este.

—Tamizar: Pasar cualquier tipo de harina u otro elemento de características parecidas por un tamiz, para quitarle los grumos y dejarlo aún más finos.

—Tapizar: Forrar el interior de un molde con guarnición o decoración.

—Teflón-siliconado: Material con el que se confeccionan tapetes, los cuales son antiadherentes y muy apropiados para hornear crujiente, crocant, caramelos, etc.

—Tornear: Dar forma de pequeño barril a las verduras y hortalizas, con la ayuda de un cuchillo, normalmente utilizadas como guarnición. Las aristas de los cortes deben ser asimétricas y sin escaleras.

—T.P.T: Tanto por tanto.

—Trabajar: Remover, batir salsas, masas o pastas con una espátula o batidor, para alisarlas o trabarlas.

—Trabar: Ligar y espesar las salsas, hasta conseguir un aspecto consistente, cremoso y fino.

—Trocear: Consiste en cortar cualquier alimento en grandes trozos.

—Turbinar: Pasar el mix de un helado o sorbete por la heladora; y por extensión pasar un alimento por un robot de cocina para obtener un puré fino.

—Zumo: líquido que se extrae de las frutas y verduras exprimiéndolas o licuándolas.

ALÉRGENOS

En este apartado, solamente nombramos los catorce alérgenos obligatorios, que deben figurar en las cartas de los comedores, así como en los productos alimentarios, de todas formas, en las recetas de este libro y debido a lo artesanal de la elaboración de harinas y demás, estaría presente la posibilidad de una contaminación cruzada, aun así, hemos identificados estos alérgenos en cada elaboración, por lo que recomendamos a todas aquellas personas con alergias e intolerancias que extremen las precauciones a la hora de llevarlas a término, y lean detenidamente las etiquetas de los productos que empleen, ya que nosotros nos referimos en cada receta a los que hemos utilizado en particular, pero dependiendo del origen, pueden contener trazas:

Apio	Cacahuetes	Soja
Altramuz	Sulfitos	Mostaza
Moluscos	Crustáceos	Sésamo
Gluten	Frutos secos	Lácteos
Huevos		Pescado

BIBLIOGRAFÍA

AA. VV. 2005-2007: *Flora y fauna ibérica. Departament de Prehistòria i Arqueología de la UVEG.*

AA. VV. 2018: *De Huelva a MALAKA. Los fenicios en Andalucía a la luz de los nuevos descubrimientos más recientes.* Massimo Botto (ed) Collezione de studi fenici, 48.

Abad Casal, L.; Sala Sellés, F. (2009): «Sistemas de almacenamiento y conservación de alimentos en tierras valencianas», pp. 117-151. En García Huerta, R.; Rodríguez González, D. *Sistemas de almacenamiento entre los pueblos prerromanos peninsulares.*

Almagro-Gorbea, M. (1991): «La alimentación en el palacio orientalizante de Cancho Roano». *Gerión.* Homenaje al Dr. Michel Ponsich. Editorial de la Universidad Complutense de Madrid. pp. 95-113.

Almagro-Gorbea, M. (1991): «La alimentación de la antigua Baria en época romana y prerromana». *Gerión.* Homenaje al Dr. Michel Ponsich. Editorial de la Universidad Complutense de Madrid. pp. 95-113.

Alonso, N.; Gardeisen, A.; Piquès, G.; Rovira, N. (2010): «Gestión de los productos alimentarios en Lattara (Lattes, Francia), entre el 450 y el 400 a. n. e». *Sagvntvm extra* - 9, pp. 171-182.

Alonso, N. y Buxó, R. (1991): «Agricultura, alimentación y entorno vegetal en la Cova de Punta Farisa (Fraga, Huesca) durante el Bronce medio», Espai/Temps, 24, *Quaderns del Departament de Geografia i Història.* Universitat de Lleida.

Aranegui Gascó, C. (2012): *Los iberos ayer y hoy: arqueologías y culturas.*

Aranegui Gascó, C. (2022): «Las culturas ibéricas: Las sociedades complejas estables de la Península». *Las sociedades íberas: Historia y Arqueología. I* Simposio de Historia en el territorio del Guadalteba, pp. 17-37.

Arnanz, A.M. (2000): «Las leguminosas del Cerro de la Cruz (Almedinilla, Córdoba)». *Complutum,* 11, pp. 239-243.

Arroyo Pardo, E.; Fernández Domínguez, E.; Oliver Foix, A. (2006): «La problemática del origen de los iberos según la secuencia genética de los restos humanos». *LVCENTVM XXV,* pp.13-22.

Bejarano Sánchez, V. (1987). «Hispania antigua según Pomponio Mela, Plinio el Viejo y Claudio Ptolomeo» (*Fontes Hispaniae Antiquae,* vol. III). Instituto de arqueología y prehistoria de Barcelona.

Buxó, R. (1997): *Arqueología de las plantas.*

Buxó, R.; Principal, J.; Alonso, N.; Belarte, M. C.; Colominas, L.; López, D.; Pons, E.; Rovira, M. C.; Saña, M.; Valenzuela, S. (2010): «Prácticas alimentarias en la Edad del Hierro en Cataluña». *Sagvntvm extra* - 9, pp.99-120.

Canal I Barcala, D. (2000): «Dieta vegetal y explotación agraria en el mundo ibérico a través del análisis de semillas y frutos: El Mas Castellar de Pontós». III Reunió sobre Economía en el MónIbéric. *Sagvntvm-plav,* extra-3. Pp. 125-131.

Castro, Z. y Hopf, M. (1982): «Estudio de restos vegetales en el poblado protohistórico de Illa d'en Reixach (Ullastret, Girona)». *Gypsela,* 4, pp.103-111.

Delgado Hervás, A. (2011): «La producción de cerámica fenicia en el extremo occidente: hornos de alfar, talleres e industrias domésticas en los enclaves coloniales de la

Andalucía mediterránea (siglos VIII-VI a. C.)». *Treballs del Museu Arqueologic d'Eivissa e Formentera*. Trabajos del Museo Arqueológico de Ibiza y Formentera, N° 66. XXV Jornadas de Arqueología fenicio-púnica EIVISSA, pp. 9-48.

Diez, C., Trujillo, I., Martínez-Urdiroz, N., Barranco, D., Rallo, L., Marfil, P., Baund, G. (2015): «Olive domestication and diversification in the Mediterranean Basin». *New Phytologist 206*, 436-447.

Domínguez Monedero, A. J. (1983): «Los términos «iberia» e «iberos» en las fuentes grecolatinas: estudio acerca de su origen y ámbito de aplicación». *LVCENTVM II*, pp. 203-224.

Eslava Galán, J. (2004): *Los iberos: los españoles como fuimos.*

Espejo Herrerías, M. M.; Cabello Ligero, L.; Cantalejo Duarte, P.; Becerra Martín, S.; Ramos Muñoz, J.; Ledesma Conejo, P.; Santos Arévalo, F.J.; Peña Chocarro, L. (2013): «El aprovechamiento de la campiña entre Teba y Ardales (Málaga) por los agricultores del Neolítico: El caso del Cerro de la Higuera». *Mainake XXXIV*, pp. 227-244.

Fuentes Albero, M.; Hurtado Mullor, T.; Moreno Martín, A. (2004): «Nuevas aportaciones al estudio de la apicultura en época ibérica». *Recerques del museu D'Alcoi*, 13, pp. 181-200.

García Bellido, A. (1980). *España y los españoles hace dos mil años según la Geografía de Estrabón*. Espasa-Calpe (Colección Austral).

García Huertas, R.; Morales, F. J.; Vélez, J.; Soria, L.; Rodríguez, D. (2006): «Hornos de pan en la Oretania septentrional». *Trabajos de prehistoria 63*, N° 1, enero-junio 2006, pp. 157-166.

Guerra Docé, E. (2009): «Los orígenes de la viticultura y del consumo de vino». En Carlos Sanz Mínguez y Fernando

Romero Carnicero(editores). «El vino y el banquete en la Europa prerromana». *Vaccea Monografías, 2*, pp. 11-31.

Grau Mira, I. (2018). *Elsibers a Mariola. Una passeja da arqueològica per les muntanyes de la Contestània (s. VIII-I a. N. e.)*. Bocairent.

Iborra, P.; Vives-Ferrándiz, J. (2015): «Consumo de carne y diversidad social. La distribución espacial de los restos faunísticos en la Bastida de les Alcusses». (Moixent, Valencia). *Preses petites i grups humans en el passat. II Jornades d'arqueozoologia. Museu de Prehistòria de València*, pp. 287-306.

Iborra Eres, M. P. (2000): «Los recursos ganaderos en época ibérica». III Reunió sobre Economia en el MónIbèric. *Sagvntvm-plav*, Extra-3, pp.81-91.

Iborra Eres, M.P.; Mata Parreño, C.; Moreno Martín, A.; Pérez Jordà, G.; Quixal Santos, D.; Vives-Ferrándiz Sánchez, J. (2010): «Prácticas culinarias y alimentación en asentamientos ibéricos valencianos». *Sagvntvm extra*-9, pp.114.

Jordá Pardo, J., Martín Seijo, M., Rey Castiñeiras, J., Picón Platas, I., Abad Vidal, E., Marín Suárez, C. (2015): «Cronología radiocarbónica y paisajes vegetales en el Noroeste de Iberia durante la Edad de Hierro». 2º Congreso Territorial del Noroeste ibérico, (Ponferrada).

Juan I Tresserras, J. (2000): «La cerveza: un producto de consumo básico entre las comunidades ibéricas del n. e. peninsular». III Reunió sobre Economia en el MónIbéric. *Sagvntvm-Plav*, extra-3, pp.139-145.

Mata Parreño, C.; Badal García, E.; Bonet Rosado, H.; Collado Mataix, E.; Fabado Alós, F. J.; Fuentes Albero, M.; Izquierdo Peraile, I.; Moreno Martín, A.; Ntinou, M.; Quixal Santos, D.; Ripollés Alegre, P. P.; Soria Combadiera, L (2010): «Comida para la eternidad». *Sagvntvm extra*-9, pp. 277-286.

Mayoral Herrera, V. (2000): «Producción y transformación de alimentos en el poblado ibérico tardío de Castellones de Céal (Hinojares, Jaén)». III Reunió sobre Economia en el Món Ibèric. *Sagvntvm-plav*, Extra-3, pp. 179-185.

Montes Moya, E. (2019): «La agricultura y la gestión de los recursos vegetales en el Oppidum de Puente Tablas». *Jaén, tierra ibera*, pp.129-138.

Montes Moya, E. (2014): «Las prácticas agrícolas en la Alta Andalucía a través de los análisis carpológicos (Desde la Prehistoria Reciente al S. II d. n. e.)». Tesis doctoral. Jaén

Moratalla Jávega, J. (1994): «La agricultura de L'Alcoià-Comtat en época ibérica: datos para su estudio». Recerques del museu d'Alcoi, 3, pp. 121-133.

Oliver Foix, A. (2000): *La cultura de la alimentación en el mundo ibérico.* Diputación de Castellón.

Oliver Foix, A. (2017): A propósito de un rallador del yacimiento ibérico de Sant Josep, La Vall d'Uixó (Castellón). *Cuadernos de Prehistoria y Arqueología.* CAST. 35, pp. 59-65.

Partido Ruiz, J.D. y Cabello Ligero, L. (2017). *Gastronomía Ibera ¿el fin de una cocina o el origen de nuestros fogones?* Fundación Unicaja.

Peña Chocarro, L., Pérez Jordá, G. (2018): *Los estudios carpológicos en la Península Ibérica: un estado de la cuestión.* PYRENAE, vol. 49 núm. 1, p. 7-45.

Pérez Jordá, G. (2000): «La conservación y la transformación de los productos agrícolas en el Mundo Ibérico». *Saguntum* extra nº 3, (Ejemplar dedicado a: Ibers. Agricultors, artesans i comerciants. IIIª Reunió sobre Economia en el Món Ibèric), pp. 47-68.

Pereira Sieso, J.; García Gómez, E. (2002): «Bellotas, el alimento de la edad de oro». *Arqueoweb: Revista sobre Arqueología en Internet*, Vol. 4, Nº. 2.

Plinio Segundo, C.: *Historia natural. Obra completa.* Editorial Gredos. Madrid.

Quesada Sanz, F. (2009): «Producción y consumo del vino entre los iberos». En Carlos Sanz Mínguez y Fernando Romero Carnicero (editores). «El vino y el banquete en la Europa prerromana», *Vaccea Monografías, 2,* pp. 125-141.

Quixal Santos, D. y Jardón Giner, P. (2016). «El registro material del colmenar ibérico de la Fonteta Ràquia» (Riba-Roja, València). *Lucentum* XXXV, pp.43-63

Recio Ruiz, A.; Martín Córdoba, E.; Ramos Muñoz, J.; Espejo Herrerías, M. M.; Cantalejo Duarte, P. (1995): «El poblamiento ibérico en el alto Guadalhorce», *Geología y Arqueología Prehistórica de Ardales y su entorno.* Ayuntamiento de Ardales, pp. 185-200.

Recio Ruiz, A. (2002): «Formaciones sociales ibéricas en Málaga». *Mainake* XXIV, pp. 35-81.

Rodríguez-Ariza, M.O. (2019): «El paisaje de Puente Tablas a partir de la antracología». *Jaén, tierra ibera,* pp.121-128.

Ruiz Rodríguez, A. y Rodríguez Ariza, M. O. (2003): «Paisaje y asentamiento entre los iberos de la cuenca del río Guadalquivir (S. VI al III a. n. e.)». En*: Ambiente e Paesaggio nella Magna Grecia. Atti del quarantaduesimo convegno di studi sulla Magna Grecia.* Instituto per la Storia e l'Arqueologia della Magna Grecia-Taranto, pp. 261-278.

Ruiz Rodríguez, A. (1992): «Etnogénesis de las poblaciones prerromanas de Andalucía Oriental». *Complutum. Nº 2-3,* pp. 101-118.

Salas Salvadó, J.; García Lorda, P.; Sánchez I Ripollés, J. M. (2005): *La alimentación y la nutrición a través de la historia.*

Sánchez Vizcaíno, A.; Parras Guijarro, D.; Montejo Gámez, M.; Ramos Martos, N. (2007): «Análisis fisicoquímicos en las casas 6 y 7 del asentamiento ibérico de Puente Tablas,

Jaén». VII Congreso Ibérico de Arqueometría, pp. 601-610. Madrid.

Santacana, J. y Duran, J. (S. f.). *Lo sagrado y lo abominable. La cocina de los pueblos prerromanos de España.* Ediciones Trea S. L.

Serrano Martín, T. (2015): «La arquitectura doméstica turdetana en Sevilla». *RAMPAS, VOL.* 17, pp. 201-210.

Suárez Padilla, J. (2006): «Indígenas y fenicios en el extremo occidental de la costa de Málaga. Siglos IX-VI a. c.». *Mainake*, XXVIII, pp. 361-382.

Uroz Sáez, J. (1999): «La agricultura ibérica del levante en su contexto mediterráneo». Stvd. hist., Hª Antigua 17, pp. 59-85. Salamanca.

Valiño, A. (1999): «La cerveza en las fuentes romanas: base textual y fijación de su importancia». *Pomoerium* 6. (2007-8).

Vives-Ferrándiz, J.; Bonet, H.; Carrión, Y.; Ferrer, C.; Iborra, P.; Pérez Jordá, G.; Quesada, F. y Tortajada, G. (2015): «Ofrendas para una entrada: un depósito ritual en la Puerta Oeste de la Bastida deles Alcusses (Moixent, Valencia)», *Trabajos de Prehistoria72* (2), pp. 282-303.